THE EVERYTHING® EASY LARGE-PRINT WORD SEARCH BOOK

VOLUME 6

Easy-to-solve puzzles in large print

Charles Timmerman
Founder of Funster.com

Adams Media
New York London Toronto Sydney New Delhi

Adams Media
An Imprint of Simon & Schuster, Inc.
100 Technology Center Drive
Stoughton, MA 02072

An Everything® Series Book.
Everything® and everything.com® are registered trademarks of Simon & Schuster, Inc.

ADAMS MEDIA and colophon are trademarks of Simon and Schuster.

For information about special discounts for bulk purchases, please contact Simon & Schuster Special Sales at 1-866-506-1949 or business@simonandschuster.com.

The Simon & Schuster Speakers Bureau can bring authors to your live event. For more information or to book an event contact the Simon & Schuster Speakers Bureau at 1-866-248-3049 or visit our website at www.simonspeakers.com.

Illustrations by Barry Littmann

Manufactured in the United States of America

7 2023

Library of Congress Cataloging-in-Publication Data has been applied for.

ISBN 978-1-4405-9237-9

Acknowledgments

I would like to thank each and every one of the more than half a million people who have visited my website, Funster.com, to play word games and puzzles. You have shown me how much fun puzzles can be and how addictive they can become!

It is a pleasure to acknowledge the folks at Adams Media who made this book possible. I particularly want to thank my editor, Lisa Laing, for so skillfully managing the many projects we have worked on together.

Contents

Introduction

The puzzles in this book are in the traditional word search format. Words in the list are hidden in the puzzle in any direction: up, down, forward, backward, or diagonal. The words are always found in a straight line, and letters are never skipped. Words can overlap. For example, the two letters at the end of the word "MAST" could be used as the start of the word "STERN." Only uppercased letters are used, and any spaces in an entry are removed. For example, "TROPICAL FISH" would be found in the puzzle as "TROPICALFISH." Apostrophes and hyphens are also omitted in the puzzles. Draw a circle around each word that you find. Then cross the word off the list so that you will always know which words remain to be found.

A favorite strategy is to look for the first letter in a word, then see if the second letter is in any of the neighboring letters, and so on until the word is found. Or instead of searching for the first letter in a word, it is sometimes easier to look for letters that stand out, like *Q*, *U*, *X*, and *Z*. Double letters in a word will also stand out and be easier to find. Another strategy is to simply scan each row, column, and diagonal looking for any words.

Puzzles

BEACHCOMBERS

BIVALVES

BRACHIOPOD

CALCIUM

CEPHALOPODS

CLAMS

COASTLINE

COLLECTIONS

CONCH

CORAL

CRAFTS

CRUSTACEAN

EXOSKELETON

FISH

GASTROPODS

HARD

HERMIT CRABS

INVERTEBRATE

LAND SNAILS

MARINE ORGANISM

NACRE

NECKLACE

OCEAN

OYSTER

PROTECTION

SAND DOLLAR

SEA

SHINY

SNAIL SHELLS

TIDES

WASHED UP

```
D G L A N D S N A I L S C T
M J S A N D D O L L A R S I C
C S D O P O R T S A G Z N N
N A I U P U D E H S A W A V
P A L N E C A L K C E N I E
S R C C A N A E C O R A L R
N B O R I G L K T I D E S T
O R A T E U R S M A L C H E
I A S R E B M O C H C A E B
T C T T C C R X E H S T L R
C H L H F T T E C N H S L A
E I I A I A I I T O I U S T
L O N R S V R M O S N R E E
L P E D H L X C R N Y C A U
O O Y B I V A L V E S O H M
C D D S D O P O L A H P E C
```

Solution on Page 254

BEHAVIOR

CANDLES

CEREMONY

CHANTS

CHOICE

CLUB

COMMUNION

CONFIRMATION

CORONATION

CULTURAL

DAILY

DRINK

FAMILIAL

FOOD

FRATERNAL

GESTURES

GRADUATION

HABIT

HISTORY

MUSIC

OATH

PERSONAL

PRIVATE

RECITE

REPETITIVE

ROBE

ROUTINE

SACRAMENT

SACRIFICE

SUPERSTITION

TEST

TRADITION

VALUE

WEDDING

WINE

```
D A I L Y N O M E R E C L C
E V S C O M M U N I O N A H
B A T U C I S U M N D N N I
O L N P P E A E F G D C O S
R U A H N E C I R L E A S T
N E H A S L R I E U T J R O
R O C B Y M A S F H T A E R
O E I I A B M R T I D S P Y
U C P T T G E E U I R O E K
T I I E A E N H T T T C O G
I O Z S T N T I A A L I A F
N H J T I I O W D V V U O S
E C L U B N T R I D I I C N
G R A D U A T I O N E O R T
F A M I L I A L V C E W R P
K N I R D F R A T E R N A L
```

Solution on Page 254

ABUNDANT
ADVANTAGEOUS
BANKABLE
BENEFICIAL
BOOMING
BUSINESS
CAPITAL
CAREER
DESIRABLE
EARNINGS
FORTUNE
FRUITFUL
GAIN
GOOD
HELPFUL
IDEA
INVESTMENT
JOB
MARKETING
MONEY
OFFER
OPPORTUNITY

PAY
POSITION
POTENTIAL
PROFIT
PROSPERITY
RAISE
RICH
SAVINGS
STRATEGY
SUCCESS
THRIVING
VALUABLE
WEALTH
WORK

```
S Y G E T A R T S W G S P F
S G N I N R A E O N E A P O
E A I K A E C R I L Y O Y R
C I T V D F K M B R T T E T
C N E A N F O A E E I B N U
U B K L U O K E N N R E O N
S S R U B N R T U T E N M E
G S A A A A I T N R P E C L
N E M B C A R E C I S F A U
I N J L L O M I D C O I P F
V I O E P T E E S H R C I P
A S B P S R A I S E P I T L
S U O E G A T N A V D A A E
E B V O F R U I T F U L L H
M N O I T I S O P R O F I T
I D G N I V I R H T L A E W
```

Solution on Page 254

BACON

BAGELS

BIKING

BREAKFAST

BRUNCH

CARTOONS

COFFEE

CONVERSATION

DAY OFF

EGGS

FISHING

FOOTBALL

FUN

GARDENING

GOLF

GROCERIES

HYMN

LAKE

LAZY

LEISURE

LOVE

NEWSPAPER

ORANGE JUICE

PANCAKES

RELAX

RUNNING

SLEEP IN

SUNDAY BEST

SUNDAY PAPER

SUNDAY SCHOOL

SUNLIGHT

TOAST

TOGETHER

WEEKEND

WORSHIP

YARD WORK

```
S E K A C N A P I H S R O W
L S E R U S I E L T E F D S
E O U F O O T B A L L N U U
E S V N E W S P A P E R L N
P U T E D Y D X E K A L E L
I N O I T A S R E V N O C I
N D A F H E Y E A Q Q G I G
H A S I C E W B U Y A R U H
C Y T S A F K A E R B O J T
N S W H R F P Y D S J C E O
U C E I T O F E Z N T E G G
R H G N O C N O C A B R N E
B O G G O I N M Y H L I A T
K O S U N D A Y P A P E R H
F L O G S L E G A B D S O E
E F B I K I N G N I N N U R
```

Solution on Page 254

BAND

CINDERELLA

COTILLION

DANCE

DAPPER

DATE

DINNER

DRINK

EAT

ELEGANT

ENSEMBLE

ETIQUETTE

FANCY

FLOOR

FOOD

FRIENDS

GOWN

GRACEFUL

INAUGURAL

INVITATION

LAUGHTER

MANSION

MASKS

MUSIC

NIGHT

OPERA

ORCHESTRA

PAIRS

PARTY

PIANO

POLKA

PUNCH

QUINTET

SOCIAL

STRINGS

TANGO

TUXEDO

TWIRL

VALET

WALTZ

S R J S L A U G H T E R W B
S T H G I N R Q T T E L A V
R E N N I D D A I P P N L D
I K N I R D N Q P E D N T O
A L A R U G U A N I O O Z O
P S A T O E D S D N E I R F
S O L S T T E Q J O C S O E
P C L T W M L U M I N N O T
O I E I B X R I A L A A L A
D A R L G O W N S L D M F D
E L E G A N T T K I T Y K S
X W D O R C H E S T R A O P
U I N V I T A T I O N P E O
T C I S U M G R A C E F U L
M Y C N A F Y Y T R A P R K
V C H C N U P I A N O G Q A

Solution on Page 255

AERIAL	RAIL
AMUSEMENT PARK	RESORT
BULL WHEEL	RIDE
CABLE	ROPE
CAPACITY	SAFETY BAR
CARRY	SEAT
CHAIR	SIT
CIRCULATING	SKI
ELECTRIC	SLOW
ELEVATED	SNOW
GEARBOX	STEEL
HELP	TERMINAL
HIGH	TICKET
HILL	TOURIST
LIFT	TOWER
LODGE	TRANSPORT
LOOP	WINTER
MOTOR	WIRE
MOUNTAIN	
MOVEMENT	
OPERATOR	
PASSENGER	

Chairlifts

```
K W I R E W O T E K C I T R
T R A N S P O R T V G Y O E
E H A F J U R E S O R T C T
R I U P R O G Y B K A I M N
M G N I T A L U C R I C C I
I H S O L N L Z E A L A S W
N T M O S L E P X M B P A O
A C O B W E O M O L M A F L
L P I H I L L U E M X C E S
Z A E R E G N E S S A P T I
P E I T T T E T V C U L Y T
L G W R A C E A F A A M B M
E D O I E E E X R I T R A S
H O N A L A S L H B L E R E
V L S H T N E M E V O M D Y
F H P C E D I R O P E X G V
```

Solution on Page 255

ACADEMIC	OLYMPICS
ADVANCE	PLASTRON
ALDO NADI	PROTECTION
ARMED COMBAT	SABRE
ATTACK	SPADROON
BAYONETS	SPORT
BLADE	STABBING
BLUDGEONING	SWORDPLAY
CLASSICAL	SWORDSMANSHIP
COMPETITIVE	TOURNAMENT
EUROPEAN	WEAPONS
FOIL	
FOOTWORK	
GLOVE	
GRIP	
HILT	
HISTORICAL	
JACKET	
JURY	
LUNGE	
MANIPULATED	
MASK	

Solution on P.

```
J S T E N O Y A B J U R Y L
A F N O O R D A P S A B R E
C O E N O I T C E T O R P E
K I M B L U D G E O N I N G
E L A C I R O T S I H T D N
T A N H K U K N E S E E G U
Y C R I W C O C N A V U N L
A I U L A P N A C I O R I M
L S O T A A M A T K L O B I
P S T E V S D I N S G P B D
D A W D D E T B L A D E A A
R L A R M E D C O M B A T N
O C O I P L A S T R O N S O
W W C M A N I P U L A T E D
S F O O T W O R K P I R G L
S C I P M Y L O S P O R T A
```

Solution on Page 255

ADVANTAGE

AGENDA

AGREEMENT

BARGAIN

BID

BUSINESS

CHAT

COLLABORATE

COLLECTIVE

COMPETE

COMPROMISE

CONCILIATION

CONFER

COOPERATE

DEAL

DECISIONS

DIALOGUE

DISCUSS

DISPUTE

DRAFT

FACILITATOR

FINANCE

GOAL

LEVERAGE

MEETING

OUTCOME

PARTIES

PAYMENT

REPRESENT

SETTLE

SOLUTION

TALK

TERMS

TRADE

UNION

```
K C S E N I A G R A B T T E
P O D E C T R A D E A N P G
A O A U T N T V S G E E A A
A R P R G I T A O E M V S Y R
T E L O A N L N E R I E M E
I R T L T U D E I D T R E V
E A K A T A R E E F C P N E
S T G I R G T C A B E E T L
S E O D A O I I U L L R F G
U N I O N S B S L L L G A N
C O N C I L I A T I O N R I
S L A O G N B W L A C Y D T
I D N R E F N O C L H A R E
D S E S I M O R P M O C F E
I Y S M R E T E P M O C X M
B D I S P U T E M O C T U O
```

Solution on Page 255

BERRY	MOOD
BIRD	NAVY
BLANKET	OCEAN
BLUE JAY	PANTS
BLUEBELL	PEN
BLUEBONNET	POND
BOOK	POOL
BUTTERFLY	SADNESS
CAR	SAPPHIRE
CLOTHES	SHIRT
COOKIE MONSTER	SKY
CRAYON	SMURF
EYE	SOCKS
FISH	SUEDE SHOES
FLAG	UNIFORM
FLOWER	VELVET
HYDRANGEA	WATER
ICE	WHALE
INK	
JEANS	
LAKE	
MARKER	

```
D S E H T O L C T B N L P F
L L D C R A Y O N L E S K L
Y V A N A E C O Y U U B B A
T L P O O L A K E E T L O G
Q Y A J S P S I D B U U O H
H O L M A R K E R E P E K S
S S U F M E S M B L L J N H
I R A I R H G O R L E A L I
F R A P O E N N R O E Y M R
R V Y E P N T S A J F O E T
E E S N E H D T A R O I C G
T L W T C R I E U D D F N P
A V H O I Y R R R E B N Y V U
W E A B L A N K E T R E H R
D T L Q S F V N P A N T S L
V D E C L Q Q I C S K C O S
```

Solution on Page 256

ALLOT

ASSETS

BALANCE

BANK

BARGAIN

BONDS

BUDGET

BULK

CAUTION

CHEAP

CLEARANCE

COINS

COMPANY

CONSERVE

COUPON

DEPOSIT

EXPENSES

FINANCES

FRUGAL

HAGGLE

INCOME

INTEREST

INVEST

IRA

LAYAWAY

MONITOR

PERCENT

PLAN

PREPARE

PRUDENT

REBATE

RECEIPTS

REWARDS

SALE

SAVING

SCRIMPING

STATEMENT

STOCK

THRIFTY

USED

```
B A R G A I N B A N K L U B
U P E R C E N T H R I F T Y
D G C B O N D S N I O C J F
G N E A E U C H E T A B E R
E I I L V Z L A Y A W A Y U
T V P A R W C O U P O N W G
C A T N E M E T A T S F A A
P S S C S C R I M P I N G L
R T A E N E N T U N D O Y R
U O K C O T S A A E S H N E
D L T I C E A N R R A A A W
E L R I R C C S E A L G P A
N A K E N E H N S P E G M R
T L T I S O P E D E X L O D
I N C O M E M S A R T E C S
I N V E S T N A L P U S E D
```

Solution on Page 256

AQUAMARINE

BANANA

BEACH

CANOES

CLIMATE

COCONUT

CORAL

DOLPHIN

DRINKS

FISH

FLOWER

FOOD

FUN

HEAT

HUMID

HURRICANE

ISLAND

LAGOON

LOTION

MAI TAI

MOSQUITO

PAPAYA

PARADISE

PINEAPPLE

REEF

REGGAE

RETREAT

SAILBOATS

SAND

SEASHELLS

SHARK

SNORKEL

SUN

SWIMMING

TANS

VACATION

WARM

WATER

WAVES

WEATHER

```
D C K L N O C G F E E R L D
S N R E T R E A T I G N R I
E S A F U N D N A L S I S M
V E H S N O R K E L N H W U
A A S E O N A C J K W P I H
W S T H C A E B S X A L M E
A H A Q O O T I U Q S O M A
T E N A C I R R U H A D I T
E L S E L P P A E N I P N M
R L U I A P M E O M L H G B
E S N P D A T O W A B F R A
G T A O R A G A G I O N E N
G Y O I M A R E H T A E W A
A F N I L M V A C A T I O N
E E L O T I O N P I S U L A
Z C O R A L S C R N S P F E
```

Solution on Page 256

AIRBORNE

AIRCRAFT

ALTITUDE

ATMOSPHERE

BASE JUMPING

CORD

DANGEROUS

DEATH

DEPLOY

DIVER

DROP ZONE

EQUIPMENT

EXTREME SPORT

FAST

FEAR

FIREFIGHTERS

FLIGHT

FLYING

FORMATION

GLIDE

HARNESS

HEIGHT

HELMET

HIGH

INSTRUCTOR

JUMPMASTER

LANDING

MILITARY

PACK

RECREATIONAL

RISK

SUIT

TRAINING

WEATHER

WIND

```
K C A P N O I T A M R O F P
H E L M E T R I S K E W D Y
M I L I T A R Y R S C T E O
T I U S I C L E U J R F A L
S S E N R A H O U O E I T P
A M I A N T R M P A A R H E
F N F D A E P S R F T E A D
G T I E G M E U E L I F I U
H N W N A M I Q X Y O I R T
G B A S E J U M P I N G B I
I D T R D I V E R N A H O T
H E T R P E D I L G L T R L
R X O M D R O P Z O N E N A
E C E A T M O S P H E R E U
D N I W R O T C U R T S N I
T H G I L F H E I G H T B R
```

Solution on Page 256

AWKWARD

BORED

BOUNCY

CLEVER

CURIOUS

DIFFICULT

FAMOUS

FAST

GENTLE

GLIMMERING

GOOEY

HARD

HUNGRY

INCANDESCENT

JOVIAL

KINDLY

LONG

LOVELY

LUXURIOUS

MAGNIFICENT

MISTY

MYSTERIOUS

NECESSARY

ORGANIC

PEACEFUL

PLUSH

POLITE

PURPLE

QUIET

READY

REWARDING

RITZY

SMELLY

SOFT

TASTY

TROUBLESOME

UNEQUALED

```
H A R D K I N D L Y D A E R
U G R I T Z Y C Q U I E T X
N E T I L O P U R P L E U J
G N I R E M M I L G O O E Y
R T S U O I R E T S Y M M R
Y L L U X U R I O U S N A E
D E R O B T B S J Y E S G V
D I F F I C U L T C O Y N E
E B F A M O U S E F G L I L
L O P V I F A S T S N L F C
A U L R Y T S I M X O E I I
U N U P E A C E F U L M C N
Q C S D R A W K W A C S E A
E Y H Y T R E W A R D I N G
N I N C A N D E S C E N T R
U Y L E V O L A I V O J P O
```

Solution on Page 257

ACRYLIC

AERATE

AQUARIUM

BUBBLES

CICHLID

CLEANERS

CONDITIONER

COOLING

COVER

DECORATION

DEIONIZER

DISPLAY

EEL

FILTER

FISH

FRESH

FROGS

GLASS

GRAVEL

GUPPY

HEATER

LIGHTS

LOACH

MARBLES

MARINE

MOLLY

NETS

NITROGEN

PEBBLES

PUMPS

SALT

SEA HORSE

SHIP

STAND

STERILIZERS

TEMPERATURE

TEST KITS

TETRA

TURTLES

WATER

```
S E S R O H A E S D F I S H
T U R T L E S P E B B L E S
E D E C O R A T I O N Y L B
N W N P I H S E R F E S B U
G R A V E L T M E S G T R B
M T E T R A E P Z P O I A B
A E L V E W R E I M R K M L
R R C R O R I R N U T T U E
I E A D U C L A O P I S I S
N T C O N D I T I O N E R S
E L R S H I Z U E T E T A A
M I Y T C L E R D L J R U L
O F L A A H R E T A E H Q G
L J I N O C S D I S P L A Y
L J C D L I G H T S G O R F
Y P P U G C O O L I N G S T
```

Solution on Page 257

APPOINTMENT

BANK

BILLS

CAR

CHAUFFEURING

DELIVERY

DENTIST

DOCTOR

DOMESTICITY

DRIVING

DVD RETURNS

EXCURSION

GAS STATION

GIFTS

GROCERIES

JAUNT

LIST

LUNCH

MALL

MEETINGS

PARKING

PHARMACY

PICKUP

PRESCRIPTIONS

PURCHASE

SCHEDULE

SHOP

SNACK

STORE

SUPPLIES

TIME

TRANSPORTATION

TRIP

VETERINARIAN

```
G S C H E D U L E H C N U L
N A H D M E E T I N G S C E
I R A C O D D R I V I N G V
K N U G S M E A B I L L S A
R A F A E U E N E M I T P D
A I F S X F P S T S J P P E
P R E S C R I P T I O N S L
H A U T U G R O L I S Q N I
A N R A R R T R N I C T R V
R I I T S O B T U U E I U E
M R N I I C M A L L R S T R
A E G O O E E T N U A J E Y
C T I N N R P I C K U P R P
Y E F T O I D O C T O R D O
O V T T X E S N A C K S V H
S Y S U E S A H C R U P D S
```

Solution on Page 257

APPLAUSE

AUDIENCE

CELEBRITY

CEREMONIAL

CHAT

CHURCH

DEBATE

DICTION

DISCUSS

ELOCUTION

ELOQUENCE

EVENT

GESTURES

GUESTS

INFORM

INTRODUCE

LECTURE

LIGHTS

MATERIAL

MEETING

MEMORIZE

MOTIVATE

NOTES

PERSUADE

PLATFORM

POLITICS

PREPARE

REHEARSE

RHETORIC

SPEECH

STRUCTURED

TALK

TEACH

TICKET

TOPIC

```
S E T O N R E H E A R S E O P
P T M S T A L K Y T O P I C
R D R S D G E S T U R E S E E
E H O U I K L M I H U E P R
P C F C C B O E R E M C L E
A R N S T T Q M B T O H A M
R U I I I P U O E A T P T O
E H L D O I E R L B I O F N
D C G A N N N I E E V L O I
A I N L I T C Z C D A I R A
U R I E T R E E G A T T M L
S O T C I O E A V U E I C I
R T E T C D I T C E E C H G
E E E U K U U O A H N S A H
P H M R E C L A C M Q T T T
H R E E T E S U A L P P A S
```

Solution on Page 257

ANIMALS

BATH

BLANKET

BOOTS

BREATH

CAT

CHOWDER

CIDER

COAT

COFFEE

COLORS

DINNER

DOWN

DUVET

FIRE

FLANNEL

FOOD

FURNACE

GLOVES

GRILL

HAT

HEAT

HOT TUB

JACKET

JACUZZI

MILK

MUG

PUPPY

QUILT

SAUNA

SHOWER

SLIPPERS

SOCKS

SOUP

SPRING

STOVE

SUMMER

SUNSHINE

TEA

WOOL

```
S I E F J G T L I U Q P C M
V A O U E G E E D J K L I M
A O U R Z N X T K U L S D O
D R I N N I C A S C V J E L
G F B A A R J O H T A E R B
L L L C A P T C L C O J T A
O F A E D S V G U O K V A V
V L N P G E U Z D F R F E W
E M K U R N Z F C F Y S H T
S R E P P I L S R E W O H S
O D T P C H O W D E R Q E S
C B U Y S S E C W Q N L L N
K O A T A N I M A L S N L W
S H O T T U B G K T A H I O
W O O L H S U M M E R H R D
B X X R Y M Y C P A Z T G N
```

Solution on Page 258

BROTHERS GRIMM	MORAL
CHARACTERS	OGRE
CHILDREN	PRINCESSES
CINDERELLA	RAPUNZEL
DISNEY	READING
DRAGONS	ROMANTIC
DWARFS	SLEEPING BEAUTY
ENCHANTMENTS	SNOW WHITE
FAIRY GODMOTHER	SPELL
FANTASY	TOM THUMB
FICTIONAL	
FOLKLORE	
FROG	
GIANTS	
GNOME	
HAPPY ENDING	
HERO	
IMAGINATION	
KIDS	
KING	
LITERATURE	
MAGICAL	

```
R A P U N Z E L A C I G A M
N E R D L I H C S P E L L B
U D H Y W L A N O I T C I F
B R O T H E R S G R I M M O
M A E U O M M N O T H S N L
U G H A J M I O N S W F O K
H O M E D K D A N D W R I L
T N O B R I M O I G O A T O
M S R G A O N S G G N W A R
O Y A N R P N G I Y S D N E
T S L I T E R A T U R E I G
H A P P Y E N D I N G I G O
S T N E M T N A H C N E A R
D N S E S S E C N I R P M F
I A A L L E R E D N I C I O
K F U S R E T C A R A H C Z
```

Solution on Page 258

KAQY

KATN

KAWB

KAZD

KDMD

KDNL

KDRV

KFTC

KFVE

KITV

KJAC

KJCT

KJLA

KMEB

KMID

KMOT

KPIC

KPLC

KPMR

KSBI

KSCE

KSDK

KUCW

KUED

KWDK

KWET

KWHB

KWKB

KWMJ

KWOG

KWPL

KWSD

KWVB

KWWF

KWYB

KYAZ

KYIN

KYTV

KYUR

KYVE

```
D V Y N O A W Y Q T X B G J
Q T C Z B H B E Y C W M W F
V Y L B E L P W K J L A L U
P K P I C S C S K K E O J M
A U K J S A G T Z V I M F F
B E L U K D J H F A W T Q F
X D Z W Z A Y K K K D R V I
L S K K D T G W D R M P K I
Q B H I E E V M D S Q E E W
T C K W H B D R K F K R B X
X O K L C G Z T S W B W H Q
T M D Y N U A K B G D G O A
O T W H Q D K M I D K K B G
X R C B W A K O D Y W Y K Z
S D P G T H K T U S W V I I
W K Y N Q V B R D K F E H N
```

Solution on Page 258

BAKED	MACARON
BEAR CLAW	MILK
BUTTER	MOIST
CALZONE	PHYLLO
CANNOLI	PIE
CHEF	ROLL
COFFEE	SAMOSA
CREAM	SAVORY
CROISSANT	SHELF
CRUST	STREUSEL
DANISH	STRUDEL
EGGS	SUGAR
EMPANADA	SWEET
FILLED	TART
FLAKY	TASTY
FLOUR	TOASTER PASTRY
FRESH	TORTE
FROZEN	TURNOVER
FRUIT	
HOT	
ICING	
ITALIAN	

Pastry Chef

```
T B C W Q C R E A M O I S T
E U S H O T L E S U E R T S
E T P F E F L E H S S O K U
W T F Y M F T C A S A L L R
S E U P P S A M O S I D H C
E R R R A N O N T M C N A B
D H U V N S B E A R C L A W
L E O O A O R K O I Z M T D
X R L M D P V I R O L L M F
Y I F L A Y S E N F I A I R
S O A S I S P E R Q C S T U
Z U T E A F Z E B A K E D I
R R G N L O S T R U D E L T
Y G T A R H O O L L Y H P R
S O K F R G N I C I A I R A
H Y T S A T O R T E E B K T
```

Solution on Page 258

ANNUAL	GRILL
BARBEQUE	HELPER
CAKE	HONOR
CALL	JUNE
CARD	KIDS
CELEBRATE	LUNCH
CHERISH	PARTY
CHILDREN	PATERNAL
CUFF LINKS	PIE
DAD	PLAY
DINNER	REMEMBRANCE
ELECTRONICS	RESPECT
ENCOURAGEMENT	RESTAURANT
FAMILY	SLEEP
FATHER	SPORTS
FISHING	TIE
FOOD	TOOLS
FUN	TRIBUTE
GENEROSITY	
GOLF	
GRANDPA	
GREATNESS	

```
S T R O P S D I K E Z Q I K
N L K Y T I S O R E N E G L
F E L D O O F R J C N U F U
F I R L P A T E R N A L J N
T A S D A S U H P A R T Y C
C T N H L C I T G R I L L H
E A T D I I B A R B E Q U E
P P A N Z N H F A M I L Y R
S D V T A O G C I E K A C I
E N C O U R A G E M E N T S
R A A O G T U P R E P L E H
E R N L O C I A L R O N O H
N G N S L E E E T U B I R T
N C U F F L I N K S L E E P
I Y A L P E T A R B E L E C
D L L R S S E N T A E R G T
```

Solution on Page 259

ALUMINUM FOIL

BENCH

BOARD

BOOK

CARDS

COIN

CRACKER

DVD

FLOOR

GLASS

GROUND

HAIR

HORIZON

MAP

MIRROR

MONEY

MOUSE PAD

MUSIC

PAGE

PANCAKE

PAPER

PAVEMENT

PHOTO

PLATE

POSTER

RATE

ROAD

ROOF

RUG

SEAS

SOFT DRINK

SOLAR PANEL

STONE

SURFACE

TAX

TILE

TRAILER

TRAJECTORY

TUMMY

WINDOW

```
U W T U M M Y D A O R T L G
M L Z T Z E D N U O R G K J
K C I W N I O C R A M I Q H
E L S O F T D R I N K D A T
E P M D F I I L S S A L G H
R A T N E M E V A P T E Y S
Y N A I H R U W A M L N R T
L C X W D B E N C H A A O O
S A R V R F W C I H I P T N
C K D A P E S U O M S R C E
R E Z A C S T R U G U A E T
L F P I R K I S D H R L J A
P E S K O Z E D O R F O A R
R U O T O H P R J P A S R Y
M O A N L E G A P A C O T T
B R O O F X D C S A E S B A
```

Solution on Page 259

ACCOMPLISH

ACHIEVE

ADMIRED

ADVANCE

AFFLUENT

ATTAIN

AWARD

BEST

CHAMPION

COMPLETE

DEGREE

DOMINANT

EXPERT

FAMOUS

FAVORABLE

FORTUNATE

FRUITFUL

GRADUATION

HAPPY

HIRE

JOB

LUCKY

MONEY

NOTABLE

NOTEWORTHY

OPULENT

POWERFUL

PRESTIGE

RESPECTED

REWARDING

SECURE

SKILLED

TALENTED

THRIVING

WEALTHY

WIN

```
F A M O U S Y H T L A E W S
R G N I V I R H T S E B X K
U N O T A B L E E R G E D I
I J T R E P X E T Y K C U L
T O E L B A R O V A F D A L
F B W I N O I P M A H C Y E
U O O A P R E S P E C T E D
L G R A D U A T I O N O T E
U N T T F M I A M L S P E T
F I H T U F I P D E D U L N
R D Y A H N L R C V R L P E
E R E I P I A U E C A E M L
W A N N S P R T E D W N O A
O W O H A E Y E E N A T C T
P E M D O M I N A N T C A E
P R E S T I G E V E I H C A
```

Solution on Page 259

ALBINOS

ANGELS

BAKING SODA

BREAD

CHALK

CLOUD

COTTON

DEODORANT

DIAPERS

DOVE

DRESS

EGG

EYES

FLOUR

FUR

GHOST

KLEENEX

LILY

LINEN

LOTION

MARSHMALLOW

MILK

MOON

PAINT

PAPER

PEARLS

PIANO KEYS

PICKET FENCE

PILLOWS

RABBITS

RICE

SNOW

SOCKS

STYROFOAM

SUGAR

SWANS

TISSUE

TOWEL

UNDERWEAR

WALL

Often White

```
R U F Q O F V B A F L O U R
A M A R S H M A L L O W A E
E C N E F T E K C I P B E Y
W P P S N E N I L E B D U E
R D S A Y H L N G I E U S S
E L D U P E X G T O U L S R
D P I S G E K S D Z E A I S
N E A L N A R O J G L C T C
U A P E Y O R D N B E V S N
E R E C S A W A I A E V O D
S L R O N W N N D W I O H W
K S S T Y R O F O A M P G A
C O Z T F S I L S S E R D L
O D U O L C T K L I M R Q L
S W A N S Q O P A I N T B R
T O W E L K L A H C P V Q E
```

Solution on Page 259

ARC

ARTISTIC

ATHLETIC

ATOMIC

ATTIC

BASIC

CATHOLIC

CLASSIC

CUBIC

DRAMATIC

ECONOMIC

ELASTIC

ELECTRIC

EXOTIC

FABRIC

FRANTIC

GIGANTIC

HEROIC

HISTORIC

MAGIC

MAGNETIC

MAJESTIC

MECHANIC

METALLIC

MUSIC

PACIFIC

PANIC

PICNIC

PLASTIC

POETIC

PUBLIC

RHYTHMIC

SPECIFIC

STATIC

TERRIFIC

TOPIC

TRAFFIC

VOLCANIC

ZINC

Solution on Page 260

BANKS

BUCK

CASH

COINS

COTTON

COUNTERFEIT

CURRENCY

DEBT

DENOMINATION

DOLLAR BILL

EAGLE

ECONOMY

ENGRAVING

EURO

EXCHANGE RATES

FEDERAL RESERVE

GOLD

GOVERNMENT

GREENBACK

INFLATION

JEFFERSON

LINCOLN

MINT

NOTE

ONE DOLLAR

PAPER MONEY

PRESIDENTS

SEAL

SINGLE

SPEND

TREASURY

UNITED STATES

USD

VALUE

VENDING MACHINES

```
Y S U N I T E D S T A T E S
M N S S Z G R E E N B A C K
O I D E N O M I N A T I O N
N O I T A L F N I E T O N A
O C C A S H U S H Y K C U B
C U R R E N C Y C O T T O N
E O N E D O L L A R B I L L
N S U G Y E N O M R E P A P
O Y E N T J E L G N I S G Z
S R U A T N E M N R E V O G
R U L H G E I L I N C O L N
E S A C Q L R M D E B T D D
F A V X A U E F N P U B Z N
F E D E R A L R E S E R V E
E R S E N G R A V I N G O P
J T P R E S I D E N T S J S
```

Solution on Page 260

AMPLIFIER

ANNOYING

BEATS

BOOM BOX

BOTHERSOME

CAR

CLAMOROUS

CLUB

COLLEGE

CONCERT

DANCE

DEAFENING

DECIBEL

DISCO

DRUMS

EARPLUGS

INDUSTRIAL

JAZZ

MARCHING BAND

MICROPHONE

NEIGHBORS

NOISE

OBNOXIOUS

OVERWHELMING

PARTY

POLICE

PULSING

RAP

RESOUNDING

ROCK

RUDE

TECHNO

UNPLEASANT

UNWELCOMED

UPROARIOUS

VOLUME

```
E C N A D E M O C L E W N U
M J W E H R A L E B I C E D
I O C S I D R C O L L E G E
C Z Z A J G C T E C H N O A
R O V E R W H E L M I N G F
O G R U D E I B P P N A U E
P X E Z R G N E O A O M S N
H O S S U N G A L R I P U I
O B O U M I B T I T S L O N
N M U O S Y A S C Y E I I G
E O N R C O N C E R T F R C
M O D O I N D U S T R I A L
U B I M G N I S L U P E O U
L T N A S A E L P N U R R B
O L G L S G U L P R A E P T
V R O C K O B N O X I O U S
```

Solution on Page 260

APPRENTICE

ASSIST

CONFIDANT

COUNSELOR

DIRECT

DISCIPLE

DISCUSS

EDUCATOR

ELDER

EMPATHETIC

ENCOURAGE

EXPERT

FATHER

FOLLOW

FRIEND

GUIDE

IDOL

INSTRUCT

KNOWLEDGE

LEAD

MODEL

NURTURING

PATRON

PEER

PRACTICE

PROFESSOR

PROGRAMS

PUPIL

QUALIFIED

STUDENT

STYLE

SUCCESSFUL

SUPERVISOR

TRADITION

TUTOR

```
T C E R I D E T D N F L S R
N P T H E L C E U R U E S E
E A S R Y U I R I F J D C H
D T I T R F T E S E I I S T
U R S T I U N S G S T U S A
T O S L R D E A C C R G U F
S N A I S C R I A E E P C E
I U N W C U P R M G T R S D
Q G L U O L P P D R P O I U
E H S C E L A E A L E G D C
X X N D I T L D R L E R O A
P E O P H W I O D V R A L T
E M U E O T S E F I I M D O R
R P T N I P R O F E S S O R
T I K O Y R O L E S N U O C
C O N F I D A N T U T O R R
```

Solution on Page 260

ANTIQUES

AUTOMOBILE

CAR

CHAMPAGNE

COLLEGE

COMPUTER

DEBT

DIAMOND

EARRINGS

EMERALDS

FURS

GAS

GEMS

GOLD

HELICOPTERS

HOMES

HOSPITALS

HOTELS

HOUSE

INSURANCE

JEWELRY

LIMO

LUXURY

MANSION

MINK

NECKLACE

PAINTINGS

PEARLS

PLANES

PLATINUM

PROPERTY

REAL ESTATE

ROLEX

SILVER

STEAK

TUITION

WATCHES

WEDDING

WINE

YACHT

```
Y A T E M E R A L D S S D W
R H U B N P R O P E R T Y I
U O I T G G J E W E L R Y N
X M T H O P A A T H O U S E
U E I C L M T P S B C F C E
L S O A D C O E M O E A W A
G L N Y H C U B M A L D E R
A E B E I Q P P I K H S D R
S T S L I E U N C L L C D I
C O E T A T S E L A E R I N
O H N R E U N S T E A K N G
L A L R R P A I N T I N G S
L S A A V M P L A T I N U M
E C N O I S N A M O M I L E
G C D N O M A I D F U R S G
E X K H S I L V E R O L E X
```

Solution on Page 261

AIM

BATTLE

BOMB

BREAK

BURST

BUST

CATCH

CHASE

DROP

FIGHT

FILL

FIRE

FRIENDLY

FUN

GAME

GRENADE

HID

HOSE

JOKE

KIDS

LATEX

LAUNCH

LIQUID

LOB

NOZZLE

OUTDOORS

PARTY

PLAY

POP

PRANK

ROUND

SOAK

SUMMER

SURPRISE

TARGET

THROW

TIE

TOY

WAR

WET

Water Balloon Fight

```
S W T S U B U R S T C K L Q
E V L D J F F U D E A I M L
R M D I O T R I G E S D F H
M T A K H P L I R B R A S W
E T E G R A T B E E O A H T
P E I I T P B S N N O M Z C
P F S E H C N U A L D E B N
A E X X G O P M D I T L L K
F Q J J Z Z T M E Q U T Y T
H X Z Z H T H E T U O T C R
S L L I F P R R I I Y A E T
T E D P S H O S E D T B K L
T B L O Q U W P D C R N O P
O A A R N H J T H Y A B J A
Y K W D A U E C X R P S J D
U Q C F D W F W P S W K F C
```

Solution on Page 261

BENEFIT

BIG SISTER

CALLING

CHARITY

CITIZEN

CLEAN

CLOTHES

COACH

DAY CARE

DEVOTED

DISASTERS

DONATE

DRIVING

ELECTIONS

ENERGY

ERRANDS

FOOD BANK

GOODS

GRATIFYING

HELP

KINDNESS

LIBRARY

LOCAL

MENTOR

MISSIONS

MUSEUM

PARKS

REWARDING

SATISFYING

SENIORS

SERVE

SKILLS

TIME

TUTORING

VOLUNTEER

YOUTH

```
P D E T Y R A R B I L K G H
R A R D I X C E E D L N C C
O T R I I M L T N A I A K C
T U A K V S E S E Y O G I Y
N T N F S I A I F C R S N T
E O D G O P N S I A P E D I
M R S O Z O I G T R L R N R
D I W O S T D I B E E V E A
E N S D A L F B C W R E S H
T G F S O Y Y T A E T S S C
O N N C I O I R T N S E R M
V I A N U O D A U E K H O U
E L G T N I N L P R I T I E
D L H S N O O S L G L O N S
F A W G D V B Q E Y L L E U
A C I T I Z E N H H H S C S M
```

Solution on Page 261

BADGE

BAGS

BOOK

BRACELET

BROCHURE

CAP

CLOTHING

COLLECTABLES

CRAFTS

CUPS

CUTLERY

FIGURINE

FOAM FINGER

FOOD

GIFT

GLASS

HAT

JACKET

JEWELRY

LETTER OPENER

LUGGAGE TAG

MAGNET

MUG

NECKLACE

PENDANT

PLATE

PROGRAM

REMEMBER

SHELL

SHIRT

SNOW GLOBE

SPOON

STAMPS

STEIN

STUBS

THERMOS

TIE

TOY

TRAVEL

TRIP

```
Y Y B A D G E R U H C O R B
M P R I V R E M E M B E R C
H A T L C R A F T S N Y K L
P M R U E J A C K E T O O O
Z E U G A W X P P L O F G T
P C T G O T E O A B O I E H
L U N A S R R J C A F L N I
L P A G L E P A M T E N E N
E S D E T P C F V C I B C G
H S N T J M I U A E O S K H
S A E A A N B R T L L D L S
P L P G G A B S G L O O A H
M G N E G U T W U O E C C I
A E R S P O O N F C N R E R
T I E W E N I R U G I F Y T
S T U B S O M R E H T R I P
```

Solution on Page 261

ARCS

ATOMS

AURORA

BEAUTY

BLUE

BRIGHT

BRILLIANT

CANADA

COLLISION

DAWN

DISPLAY

EARTH

EMISSIONS

ENERGY

EQUINOX

GLOW

GODDESS

HIGH LATITUDE

HUES

ILLUMINATE

LIGHT

MAGNETIC

MOON

NIGHT

NITROGEN

NORTH

OBSERVATION

OXYGEN

PARTICLES

PHENOMENA

PHOTONS

PLANETS

RED

RINGS

SCIENCE

SKY

SOLAR WIND

SPACE

STARS

TELESCOPE

```
E X T H G I N S R A T S P B
D N G B E A U T Y E O W H C
U E O X Y G E N T X M O O N
T G D N I W R A L O S L T O
I O D W S G N I R N L G O I
T R E A E I B L N I S S N T
A T S D M R D L S U C T S A
L I S U I I Y I U Q I E T V
H N L G S K O R C E E N E R
G L H P S N N B I K N A L E
I T L A I P A R T I C L E S
H A H D O Y G R E N E P S B
Y T T A N E M O N E H P C O
D E R N S P L I G H T Z O K
J C O A U R O R A E C A P S
S T N C E A T O M S H U E S
```

Solution on Page 262

ABRAHAM	MADONNA
ADAM	MARIE CURIE
ARISTOTLE	PRINCE
ARMSTRONG	ROCKEFELLER
BABE RUTH	ROSA PARKS
BEETHOVEN	SNOW WHITE
BETTY FORD	TIGER WOODS
BRAD PITT	TRUMAN
BRANDO	VAN GOGH
BUSH	WALT DISNEY
CAESAR	WASHINGTON
CELINA	
CHOPIN	
CONAN	
EDISON	
EINSTEIN	
ELTON	
ELVIS	
HEMINGWAY	
JEFFERSON	
KENNEDY	
LINCOLN	

```
I L A E L T O T S I R A O C
H N Y D E N N E K S M N D H
T O J I A T V C R N A I N O
U T W S Z M A N A O H L A P
R G K O D R N I P W A E R I
E N X N N O G R A W R C B N
B I D T A C O P S H B W R O
A H R R N K G W O I A A A S
B S E U O E H R R T L L D R
S A L M C F V M C E R T P E
I W T A D E Y O A A G D I F
V W O N M L I T H D E I T F
L I N C O L N R T T O S T E
E I N S T E I N A E E N A J
A R M S T R O N G M B E N R
B U S H E M I N G W A Y B A
```

Solution on Page 262

ADULTS

ASSOCIATION

BASKETBALL

BODY

BOYS

BUILDING

CAMPING

CHILDREN

CLASSES

CLUB

COMMUNITY

DIRECTOR

EDUCATIONAL

EXERCISE

FAMILY

FITNESS

FUN

GIRLS

GROUP

HELP

JOIN

KIDS

LOCAL

MEMBERSHIP

MIND

MOVEMENT

ORGANIZATION

POOLS

PROGRAMS

SONG

SPIRIT

SUMMER CAMP

THE Y

VILLAGE PEOPLE

VOLUNTEER

YWCA

```
S M T P I H S R E B M E M Y
L O C A L Y S E S S A L C W
O V S U M M E R C A M P N C
O E Y Y J C C L G D P O U A
P M X O O A U N I R I E F T
P E I E M B I R O T E P H J
U N K P R D E G A D G E V F
O T I P L C R Z U N Y G O A
R N O I T A I C O S S A L M
G U U O M N A S Y L S L U I
I B R S A T P L E H E L N L
R P P G I C O M M U N I T Y
L G R O D S P I R I T V E D
S O N E R D L I H C I Z E O
I A D U L T S D I K F P R B
L L A B T E K S A B M I N D
```

Solution on Page 262

AIRPORT

ALCATRAZ

BAY AREA

BRIDGES

CABLE CARS

CALIFORNIA

CHINATOWN

CITY

COIT TOWER

CULTURE

EARTHQUAKES

EXPENSIVE

FOGGY

GAY RIGHTS

GIANTS

GOLD RUSH

HILLY

OAKLAND

OCEAN BEACH

PACIFIC OCEAN

TECHNOLOGY

THE CASTRO

TRANSAMERICA

TRANSPORTATION

UNION SQUARE

UNITED STATES

WATER

WEST COAST

```
N O I T A T R O P S N A R T
W Y A C I R E M A S N A R T
O L H K N T H E C A S T R O L
T L S S R S T D I H T A Z R
A I U E O E R N F W N E A E
N H R K F G O A I A A R R W
I C D A I D P L C T I A T O
H A L U L I R K O E G Y A T
C E O Q A R I A C R L A C T
C B G H C B A O E S S B L I
U N I T E D S T A T E S A O
L A E R A U Q S N O I N U C
T E G A Y R I G H T S H R I
U C T E C H N O L O G Y T T
R O I X W E S T C O A S T Y
E X P E N S I V E Y G G O F
```

Solution on Page 262

APPLIANCES

ATV

BILLIARDS

CAR

COMPUTER

DARTS

ELECTRONICS

FIGURINE

FUN

GADGET

GAMES

GIZMO

GOLF CLUBS

GRILL

GUITAR

HDTV

HELICOPTER

HOT TUB

HOVERCRAFT

KAYAK

LAPTOP

LASERS

MODELS

PARACHUTE

PORSCHE

PUTTING GREEN

ROBOTICS

SAUNA

SCOOTER

SCUBA TANK

SKIS

SNOWMOBILE

SUBMARINE

TECHNOLOGY

TELEVISION

TRUCK

```
S N A L A S E R S S L E D O M
T T E C H N O L O G Y D R S
B I L L I A R D S L D A E E
P B E T U H C A R A P T T M
G U C P O M Z I G P E E P A
R T T O K S B U L C F L O G
I T R T R A T I U G U E C P
L O O P I K A Y A K N V I R
L H N A S N O W M O B I L E
E T I L C A G D A R T S E T
H R C E L T E G D A G I H U
C U S T F A R C R E V O H P
S C I T O B O R Z E A N D M
R K F I G U R I N E E T T O
O S K I S C O O T E R N V C
P A N U A S U B M A R I N E
```

Solution on Page 263

CARD

CHAIR

CIRCULAR

CLOTH

COFFEE

DESK

DINING

DINNER

EAT

FLAT

FOLDING

FOOD

FORMAL

FURNITURE

GAME

GLASS

LAMP

LEG

LUNCH

METAL

MODERN

NIGHT

OAK

OFFICE

OUTDOOR

OVAL

PATIO

PICNIC

PINE

POKER

RECTANGULAR

RESTAURANT

ROUND

SET

SIDE

SOFA

SQUARE

SURFACE

WOOD

WORK

```
C W H R K A O J C H A I R H
B D O Z S P E N I P O K E R
Y R O O E C A F R U S E N G
V A R O D I I T A S I C N D
O U E V F R T N I K O I I B
E M C A O C O U C O N F D R
D M T L R U R O P I U F A G
I G A N M L Z V D L P O P M
S B N G A A X J H T O L C T
F L G I L R S K D L U N C H
I R U W D Q U N R E D O M G
L L L R U L U A A O F C F I
V E A A B O O T T F W A A N
G C R M R N A F E S S A L G
S E T H P L H E Y M E T A L
Z S O R F U R N I T U R E E
```

Solution on Page 263

ANCESTRY

ANNIVERSARY

ARGUMENT

BABY

BONDING

BRUNCH

CELEBRATION

CHILDREN

CHRISTMAS

DEBATE

DINNER

EASTER

ENGAGEMENT

FAMILIARITY

FAMILY MEAL

FOOD

FUN

GENERATIONS

GRANDMA

GREETING

HAPPY

HERITAGE

LARGE

LAUGHTER

LOUD

MARRIAGE

NOSTALGIA

OFFSPRING

REMINISCE

RIVALRY

SON

SURPRISES

TRADITION

VACATION

```
G G N I T E E R G F O O D V
R N O Y T R A D I T I O N A
A I F R L N Y P P A H N E C
N D F L A N E V W L E O R A
D N S A E N D M G A R S D T
M O P V M O U E E U I T L I
A B R I Y I O G N G T A I O
R S I R L T L A E H A L H N
E A N E I A Y I R T G G C T
N M G M M R B R A E E I N N
N T E I A B A R T R J A U E
I S G N F E B A I S I F R M
D I R I P L B M O O E T B U
Y R A S R E V I N N A C Y G
N H L C D C E A S T E R N R
D C S E S I R P R U S X M A
```

Solution on Page 263

ACCOUNT

ACCRUED

ANNUAL

ARREARS

BANKS

BILL

BOND

BROKE

BUDGET

BUSINESS

CHECK

COLLEGE

CONSOLIDATION

CREDIT

CRISIS

DEBTOR

DEFAULT

DEFICIT

FEES

FINANCE

FORECLOSURE

INFLATION

INSOLVENCY

LENDER

LEVY

LIEN

LOAN

MONEY

MORTGAGE

OBLIGATION

OWE

PAY

PENALTY

PERSONAL

PROBLEM

RATIO

SECURITY

TERM

UNSECURED

```
O I T A R E D N E L H R K Q
Y Y S E C U R I T Y I L C V
A J M J O N F I N A N C E T
P D O T N U O C C A S E H I
Q E R U S O L C E R O F C C
C U T N O I T A G I L B O I
R R G T L U A F E D V U P F
E C A S I L I E N S E D E E
D C G S D Y L G E W N G R D
I A E E A B T E O B C E S N
T R K N T A F L I Z Y T O O
E R O I I N F L A T I O N B
R E R S O K L O A N N U A L
M A B U N S E C U R E D L E
P R O B L E M O N E Y P C V
V S I S I R C R O T B E D Y
```

Solution on Page 263

ASPHALT

BARK

BRICK

BRUSH

BURLAP

CALLOUS

CARPET

CEMENT

CONCRETE

COWBOYS

DIRT

ECZEMA

EMERY BOARD

FILE

FISH SCALES

FOOTBALL

GRAVEL

GRIT

MOUNTAINS

PAVEMENT

PEBBLES

PUMICE

ROAD

ROCKS

ROPE

SAND

SCRAPER

SCRATCH

SIDEWALK

SKIN

STARFISH

STONES

STUBBLE

TONGUE

TREES

UNSHAVED LEGS

UNSHAVEN FACE

WHISKERS

WOOD

```
P A V E M E N T L E V A R G
U S S D B C C S S E N O T S
M N H K G A U Z Y G F N E K
I I S R I F R V E O E L P C
C A I H B N F K O M B L O O
E T F D A E S T E B A W R R
U N R I R V B C E N O H O S
G U A R S A E P R O F I C C
N O T T L H O D D A S S O R
O M S L D S S B L A P K N A
T B T A N N U C Y E O E C T
H R U H A U O Q A R G R R C
S I B P S E L I F L E S E H
U C B S P A L R U B E M T O
R K L A K L A W E D I S E J
B S E E R T C A R P E T P X
```

Solution on Page 264

ACADEMY AWARDS

ACTORS

ACTRESS

BEVERLY HILLS

CALIFORNIA

CARS

CINEMA

CITY

CLUBS

FILMS

HOLLYWOOD HILLS

KODAK THEATRE

LOS ANGELES

MOTION PICTURE

MOVIE STUDIOS

NEIGHBORHOOD

NIGHTLIFE

OCEAN

PEOPLE

PRODUCERS

RICH

ROOSEVELT HOTEL

SIGN

STARS

SUNSET STRIP

TELEVISION

THEATERS

WALK OF FAME

WEALTH

WEST

```
H R P N O I S I V E L E T M
M O T I O N P I C T U R E N
O O L P R O D U C E R S A K
V S T L N T P E O P L E O X
I E D S Y I S B U L C D A L
E V A R E W G T I O A R C O
S E M O A W O H E K R I T S
T L E T R W Y O T S S C R A
U T N C N L A H D L N H E N
D H I A R G E Y T H I U S G
I O C E Y A I S M L I F S E
O T V S T A R S L E A L E L
S E S R E T A E H T D E L E
B L E E M A F F O K L A W S
D O O H R O B H G I E N C G
J Y T I C A L I F O R N I A
```

Solution on Page 264

ANKLE

ARMY

CAMP

CHAPS

CLOTHING

COMBAT

CONSTRUCTION

COWBOY BOOT

EQUESTRIAN

FOOTWEAR

GALOSHES

GO GO

GUM BOOTS

HEELS

HIKING

KICK

KNEE HIGH

LACES

LEATHER

MILITARY

MUD

POINT

PROTECTIVE

RAIN

RIDING

RUBBER

SHOES

SKI

SOCKS

SOLE

STEEL TOE

STILETTO

STRAPS

STYLE

UGG

WADERS

WALK

WATERPROOF

WORK BOOTS

ZIPPER

Solution on Page 264

ARK	LADYBUG
BED	MONKEY
BUNNY	MOOSE
BUTTON EYES	MOUSE
CAT	OWL
CHILDHOOD	PANDA
COMFORT	PLUSH
DISNEY	PRESENT
DOG	RAGGEDY ANN
DRAGON	SOFT
DRESS UP	SPECIAL
DUCK	STATE FAIR
EASTER	STITCHES
ELEPHANT	TEDDY
FLUFF	TIGER
FRIEND	TOYS
FROG	UNICORN
FUR	ZEBRA
GIRAFFE	
HIPPO	
HUGGABLE	
KIDS	

Stuffed Animal Collection

```
G B M O U S E A S T E R S M
F J W N R O C I N U A A P M
V L K U O A H T I G E R E O
E B F I T E I C G A D B C O
G U B Y D A L E H R O E I S
F N S I S S D E A K G Z A E
F N E M T Y H G P Q I I L H
U Y Y O A T O Y S H R B S C
L D E N T N O A G P A T O T
F D N K E O D T U G F N F I
J E O E F N E S G N F E T T
K T T Y A H S U L P E S O S
L C T P I E H D I S N E Y F
L H U T R O F M O C L R S R
D E B D N E I R F H I P P O
F N N X D R L H M O G G B G
```

Solution on Page 264

AGENDA

AUTHORITY

BUSINESS

CAPITAL

COMPANY

CULTURE

DEPARTMENT

DIRECTORS

EMPLOYEES

ENTERPRISE

EQUITY

ESPIONAGE

EXECUTIVE

FINANCE

FISCAL YEAR

INCOME

LEADERSHIP

MANAGEMENT

MEETING

MERGER

OFFICE

OPERATIONS

OWNER

PLAN

REPORTS

RETREAT

SHARES

STOCK

SUBSIDIARY

SUIT

SUPERVISOR

TAKEOVER

TEAMS

TRADE

WORK

Big Business

```
T E S P I O N A G E N D A M
E N R S R C O M P A N Y F E
A T E O E E Q U I T Y D I R
M E L M S N N M E E T I N G
S R E L E I I W K H I R A E
Y P A R A G V S O C R E N R
R R D E U T A R U D O C C F
A I E E Y T I N E B H T E F
I S R I V L L P A P T O S R
D E S N P I A U A M U R S E
I R H C A R T C C C A S T T
S A I O T L X U S U I T R R
B H P M W E P E C I F F O E
U S E E Y O L P M E F B P A
S N O I T A R E P O X T E T
T E D A R T A K E O V E R Z
```

Solution on Page 265

BERLIN WALL

CARTOONS

CHALLENGER

CHANNEL

CHARACTERS

CHILDHOOD

CLASSIC

COMMERCIALS

DOCUMENTARY

EIGHTIES

ENTERTAINMENT

ESPY AWARDS

GAME SHOWS

GRAMMY AWARDS

INFOMERCIALS

NETWORKS

NEWS

NINETIES

OSCARS

PLOT

QUOTES

ROYAL WEDDING

SCENE

SERIES

SEVENTIES

STARS

SUPER BOWL

TV GUIDE

VIDEOS

WESTERN

TV Through the Years

```
O S C A R S E V E N T I E S
L A B T C H A L L E N G E R
S L A I C R E M O F N I E E
D S N O O T R A C I S N I T
O E D I U G V T D S T R G C
C B S R N S A D Y E A E H A
U H E U A E E M R S R T T R
M V A R P W T T E N S S I A
E I H N L E A I O S E E E H
N D T A N I R Y E U H W S C
T E Y E N E N B M S Q O S L
A O C M S L L W O M X H W A
R S E C E S P Y A W A R D S
Y N E T W O R K S L L R M S
T C O M M E R C I A L S G I
D O O H D L I H C T O L P C
```

Solution on Page 265

BAY CITY

BOISE

BOWLING GREEN

BRISTOL

BRONXVILLE

CARRINGTON

CONWAY

CUMBERLAND

DECATUR

EFFINGHAM

FORT BENTON

GREENVILLE

MIDDLEBURY

MORRISTOWN

NOGALES

PITTSFIELD

REDWOOD FALLS

ROLLA

SENECA

TAOS

TRAVERSE CITY

WAPAKONETA

WASHINGTON

WATONGA

WEST POINT

WILMINGTON

WISCASSET

```
T Y M N W I L M I N G T O N
N R B C O N W A Y Y R A W T
I U Y R C G S O A T E T A P
O B P E I U A C Q I E E S I
P E O D B S M L N C N N H T
T L X W S R T B E E V O I T
S D N O L W O O E S I K N S
E D O O Y I I N L R L A G F
W I T D T A N S X E L P T I
D M G F I N G G C V E A O E
E A N A C A E N G A I W N L
C C I L Y L C B O R S L R D
A E R L A L G N T T E S L N
T N R S B O I S E R A E E E
U E A M O R R I S T O W N T
R S C S M A H G N I F F E I
```

Solution on Page 265

APPLIANCE

BAG

BIRTHDAY

BOW

CANDY

CERTIFICATE

CHOCOLATE

CHRISTMAS

CLOTHES

DONATION

EXCHANGE

EXTRAVAGANT

FAMILY

FLOWERS

GENEROUS

GIFT

GRADUATION

GRATITUDE

HOLIDAY

INSIGHTFUL

JEWELRY

MONEY

OCCASION

PERFUME

PRACTICAL

PURSES

SHOWER

SOAP

SURPRISE

TAG

THANK YOU

THOUGHTFUL

TISSUE

TOY

WRAP

L A C I T C A R P T Y F E S
J M C H B I R T H D A Y M U
O J A M R X S A H M D E U R
C E N N V I N S I O I D F P
C W D S O K S L U N L U R R
A E Y O Y I Y T S E O T E I
S L R O N E T I M Y H I P S
I R U T N A G A V A R T X E
O Y E F I H T N U T S A K C
N T T W T F R I A D A R Q N
P B O F O H I E O H A G Y A
U B U Y I L G C W N C R H I
R L S R W G F U A O T X G L
S U O R E N E G O T H T E P
E G A B G C L O T H E S W P
S P P C H O C O L A T E J A

Solution on Page 265

AIRLINE

APPOINTMENT

ASSOCIATES

BRIEFCASE

CLIENT

CONFERENCE

CONVENTION

DEPARTURE

DESTINATION

DINNER

DISCUSS

EXPENSES

FLY

INTERVIEW

ITINERARY

JOURNEY

NOTES

OBJECTIVES

OPPORTUNITY

OVERNIGHT

OVERSEAS

PARTNER

PHONE

PILLOW

PLAN

QUICK

REPRESENT

RUSH

SCHEDULE

SECRETARY

SUIT

TALK

TRAINING

TRAVEL

```
R P H O N E O V E R S E A S
I E Y T I N U T R O P P O E
Y A N S E R U T R A P E D T
S E C N E R E F N O C I N O
C Z N O I T A N I T S E D N
H O T I I D A N K C I U Q Y
E V N X N F T I U L S U R R
D E P V T M L S C E H A S A
U R A K E N S Y V O R E P T
L N R N R N E I E E S I P E
E I T T V N T S N N L S L R
V G N O I C D I E L R K A C
A H E L E S T P O R K U N E
R T R J W I X W A N P L O S
T I B R I E F C A S E E A J
A O R U S H G N I N I A R T
```

Solution on Page 266

AMBER

AUNT JEMIMA

BAKING

BOIL

BOTTLE

BREAKFAST

BROWN

BUCKETS

BUTTER

FLAVOR

FOOD

FRENCH TOAST

GRADES

HARVEST

LIQUID

MAINE

MAPLE TREES

NATURAL

NEW ENGLAND

NEW HAMPSHIRE

PANCAKES

POUR

QUEBEC

RECIPE

SPRING

SUCROSE

SUGAR HOUSE

SWEETENER

SYRUP

TAPPING

TASTE

TOPPING

TREE SAP

VERMONT

WAFFLES

WARM

WINTER

Delicious Maple Syrup

```
A D E P I C E R O V A L F U
M O J T S A F K A E R B W E
B O V S S U G A R H O U S E
E F E N T A P P I N G N T Z
R N R A E B O T T L E B S S
E W M T N L U T D W N B E U
T O O U I S R Z H E E E V C
N R N R A W W A W C R N R R
I B T A M I M E J T N U A O
W U O L I P N S E S A E H S
A T P I S G P L W T I S R E
F T P H L R P A S E E R T F
F E I A I A R B A K I N G E
L R N N M M P A N C A K E S
E D G R A D E S P U R Y S R
S L I Q U I D C E B E U Q Q
```

Solution on Page 266

ABERRATION	OBLIVIOUS
ACCOMMODATION	PARODY
ALACRITY	PLAUSIBLE
ALOOF	PRAGMATIC
ANALYZE	REFURBISH
ANECDOTE	SERENDIPITY
ARCANE	SIEGE
ASSESSMENT	
ATMOSPHERE	
BRAZEN	
CANDOR	
COHERENT	
COMPOSITION	
CONSEQUENCE	
CONSTITUTION	
CONTINUOUS	
CONTRADICT	
FURTHERMORE	
GUILE	
HARDY	
METICULOUS	
MYRIAD	

A L A C R I T Y D O R A P T
L C I T A M G A R P G Y F C
O B C O N T I N U O U S U I
O A S O H S I B R U F E R D
F T N E M S S E S S A E T A
N M E E R M Y R I A D Z H R
S O N C C E O H A R D Y E T
U S I O N D N D O R C L R N
O P E T I E O D A Y D A M O
L H N O I T U T I T S N O C
U E G E I S A Q E P I A R B
C R C A N D O R E L I O E R
I E N A C R A P R S I T N A
T N E R E H O C M E N U Y Z
E S U O I V I L B O B O G E
M E L B I S U A L P C A C N

Solution on Page 266

APPLY	MEMBER
ART	MUSIC
ATHLETIC	OPTIMISTS
BAKING	PEP
BAND	POKER
BASEBALL	PRIVATE
BOOK	PROFESSIONAL
BRIDGE	QUALIFY
CERAMICS	SCOUTS
CHESS	SECRET
CHOIR	SOCCER
DEBATE	SOCIAL
DRAMA	SOFTBALL
DUES	SORORITY
FOOTBALL	SPORTS
FRATERNITY	SUPPORT
GLEE	SWIMMING
HANDSHAKE	WINE
HONOR	
INITIATION	
KNITTING	
MEETING	

```
S E C R E T S N S S S E H C
N K N I T T I N G G O L S H
L L A B T O O F N N C V T O
R I O H C E R A M I C S R N
E T A B E D L P O K E R O O
S E U D F T K H O A R I P R
B K E L R B A O T B T T S X
A A M L A A B V L A I C O S
S H E A T N S W I M M I N G
E S E B E D Y T I R O R O S
B D T T R A I S U P P O R T
A N I F N N T D R A M A E U
L A N O I S S E F O R P B O
L H G S T B R I D G E P M C
E E L G Y F I L A U Q L E S
F M U S I C W I N E M Y M P
```

Solution on Page 266

APPEARANCE	MITTENS
BASEBALL	MOTORCYCLE
BIKER	OVEN
BILLIARDS	PAIR
BOXING	PROTECTION
COTTON	RUBBER
DISPOSABLE	SAFETY
ELEGANT	SATIN
EVENING	SCUBA
FALCONRY	SILK
FINGERS	SKI
FORMAL	SNOW
GARDENING	SURGICAL
GOLF	VINYL
HAND	WARMTH
HOCKEY	WELDER
KNIT	WINTER
LACE	WORK
LATEX	
LEATHER	
LIFTING	
MEDICAL	

Solution on Page 267

BOOKS

CAMPING

CLIMB

CRUISE

DESERT

DIVE

EXPEDITION

EXPERIENCE

EXPLORING

FUN

GAMES

GEOCACHE

GPS

HIKE

HUNT

JUNGLE

KAYAKING

MISSION

MOVIES

OCEAN

PADDLING

PARACHUTE

RAFTING

RAINFOREST

RISK

RUNNING

SAFARI

SCARY

SCUBA

SHIP

SURFING

SWIM

TRAVEL

TREK

UNDERWATER

VALOR

VISIT

VOLCANO

WANDERLUST

WILDLIFE

Solution on Page 267

ART	PATH
BASIN	PIER
BEDROCK	PIZZA STONE
BENCH	PLANTER
BORDER	PORCH
BRIDGE	RELIEF
BUILDING	SAND
CASTLE	SCULPTURE
COUNTER	SEDIMENT
DISH	SLAB
DRIVEWAY	STAIRS
FIREPLACE	STATUE
FLOORING	STEPS
FOUNTAIN	STONEHENGE
FURNITURE	TILE
GRAVESTONE	TOWER
HOUSE	WALL
LEDGE	WELL
MASON	
MONUMENT	
NATURAL	
PAPERWEIGHT	

```
D H S I D B A L S T E P S O
S F E I L E R E T N A L P H
S H O U S E R U T P L U C S
E C S R G R A V E S T O N E
D R T E K C O R D E B R D C
I O A I G J W F H C W N A A
M P T P N E B O J A A Y M L
E R U T I N R U F S L A O P
N R E G R Z D N I T L W N E
T E H T O B Z T L L E E U R
H T A P O P R A I E D V M I
W N M N L W R I S L G I E F
E U A I F U E N D T E R N W
L O S S T A I R S G O D T G
L C O A S T O N E H E N G E
C M N B E N C H B O R D E R
```

Solution on Page 267

ANGELS

AVALANCHE

BUILDING

CASTLE

CLIMBING

COAT

COLD

DIGGING

EAT SNOW

FAMILY

FIGHT

FOOTPRINTS

FORT

FRIGID

FROZEN

GLOVES

HAT

HILL

ICY

IGLOO

LAYERS

MITTENS

MOUNTAIN

MUFFS

MUSHING

OUTERWEAR

POWDER

SCARF

SCULPTING

SLED

SNOWBALL

SNOWBOARD

SNOWMAN

SNOWSHOES

SNOWSUIT

STOMP

TOBOGGAN

TUBING

TUNNELS

WINTER

```
V H I L L Z F L A Y E R S S
Q P G Y C I H R C A S T L E
E T L S N O W B A L L E E R
A M O U N T A I N C G N N E
T C O S N O W M A N S E N D
S D L O C S W I A H O Z U W
N C I I E G E B N A U O T O
O T U G M H M O O T T R I P
W A A L I B C I H A E F U G
F O O T P R I N T S R R S L
A C F O R T F N A T W D W O
M B U I L D I N G L E O O V
I M D I G G I N G Y A N N E
L N M U S H I N G V R V S S
Y G N I B U T O B O G G A N
P M O T S L E D M U F F S Z
```

AISLE

ATTENTIVE

BALLET

BREAK

CELEBRITY

CIRCUS

CONCERT

CRITICISM

ENCOUNTER

FANS

FOLLOWING

GUEST

INTERACT

LEARN

LOUD

MOVIE

MUSICAL

OBSERVE

OPERA

OVATION

PEOPLE

PERFORMER

PUBLIC

RADIO

RAFTERS

READER

RECITAL

REVIEW

ROW

SEAT

SHOW

SPEECH

STAR

STUDIO

SUPPORT

SYMPHONY

THEATER

VISIT

WATCH

WITNESS

```
O I D A R E D A E R S H O W
V P O R E M R O F R E P N O
I E P W Y N O H P M Y S O I
I S O E A M A C V L S X B I D
I P R T S I H O I S S T T U
T L A C I S U M U E E C A T
L E H H C L E A R N A A V S
W O S Y I E X V A T T R O P
E T U A T T E N T I V E I E
I M P D I I R F S W U T R E
V T P W R E R T R E C N O C
E E O B C P U B L I C I W H
R L R I X X S R E T F A R F
T L T G N I W O L L O F A A
K A E R B T H E A T E R I N
L B G U E S T N C I R C U S
```

Solution on Page 268

BEVERAGES

BLOWOUT

BREAK

BROCHURES

CARS

CONVENIENCE

COUNTRYSIDE

CRUISING

DESTINATION

DINING

DRINKS

EXIT

EXPRESSWAY

FOOD

FREEWAY

GAS

HIGHWAY

MAP

PARK

PEACEFUL

PETS

PLAZA

REFRESHMENTS

REFUEL

RELAX

RURAL

SEATS

SHADE

SIGNS

SNACKS

STAND

TABLE

TIRES

TOW

TRASH

TREES

TRUCKS

WALK

WASHROOM

WATER

```
T D L A R U R E L A X N T Z
K O S N G I S T E P Z R A K
C O U N T R Y S I D E A B R
T F B W A T E R E F U E L A
I R G R W A S H R O O M E P
X E C N E I N E V N O C C T
E E X B J A S W O T C A D R
X W H E J H K L A W R B R E
P A M V M E D A H S U R I E
R Y D E S T I N A T I O N S
E S N R S S K C A N S C K H
S T S A Y Y A W H G I H S S
S A G G N I N I D B N U T A
W N P E A C E F U L G R A R
A D O S T U O W O L B E E T
Y X S E R I T R U C K S S Q
```

Solution on Page 268

ANNUAL	MAIL ORDER
BAKED	MARZIPAN
BERRIES	MOLASSES
BRANDY	OVEN
CAKE	PECANS
CELEBRATION	PINEAPPLE
CHERRIES	POPULAR
CINNAMON	RAISINS
CITRON	RECYCLED
DARK	SHIPPED
DELICIOUS	SPICES
DENSE	SPIRITS
EGGS	SUGAR
FLOUR	TINS
FRUITS	TRADITIONAL
GIFTS	UNWANTED
HARD	WALNUTS
HEAVY	YUMMY
HONEY	
JOKES	
LIGHT	
LOAF	

```
U N W A N T E D G P H S H N
O X O W B W C E I O A P O O
D P O I A I M N F P R I N M
S E R V T L E S T U D C E A
T C K R E A N E S L E E Y N
I A O A P N R U H A L S V N
R N R P B O A B T R C C A I
I S L S N I T P E S Y A E C
P E P H M T H G I L C K H S
S U O I C I L E D Z E E K E
S A D P Y D N A R B R C C K
T N A P R A G U S R F A H O
I N R E D R O L I A M A M J
U U K D E T S E S S A L O M
R A I S I N S E I R R E B L
F L O U R Y M M U Y S G G E
```

Solution on Page 268

BOAT

CLAUSTROPHOBIA

COMMUNICATION

COMPRESSION

CREW

DEEP

DEPTH

HATCH

JAPAN

LAUNCH

METAL

NAUTILUS

NAVIGATION

OXYGEN

PERISCOPE

PRESSURE HULL

PRESSURIZED

PROPELLER

RADAR

RED OCTOBER

RUSSIAN

SENSORS

SILENT

SINK

SONAR

STEALTH

SUBMERSIBLE

TORPEDOES

UNDERWATER

VESSEL

WATERCRAFT

WET

YELLOW

```
T E W N R P H A T C H Q S U
O L O N O E E B R L Q D E N
R B L A S I D R J A P A N D
P I L V Y I S O I U D O S E
E S E I L O N S C S I A O R
D R Y G L X A K E T C G R W
O E O A U Y U H A R O O S A
E M Z T H G T C T O P B P T
S B L I E E I N U P E M E E
I U A O R N L U V H E W O R
L S T N U U U A E O D D N C
E N E M S C S L S B J C J R
N B M O S R U S S I A N H A
T O N K E E S T E A L T H F
C A K A R W P W L R D T U T
R T Y A P R E L L E P O R P
```

Solution on Page 268

ADVENTURE

BUGS

CABIN

CAMPER

COOLERS

COUNSELOR

EAT

EXPLORE

FAMILY

FAUNA

FEE

FIRE

FISH

FOOD

FRESH AIR

FRIENDS

FUN

GHOST STORIES

GRILL

HIKE

LOGS

MARSHMALLOWS

MOONLIGHT

NATURE

PARK

RELAX

RESERVE

RUSTIC

SLEEP

SONGS

SUNRISE

SUNSET

SWIM

TARP

THERMOS

TRAIL

TREES

VACATION

WEEKEND

WILDERNESS

```
H E V P R A T E S N U S N S
M C A M P E R R W E F D D H
A M C T C S G U B G R N G I
O O A D V E N T U R E E H K
A O T R A N U A F I S K O E
M N I E S K A N R L H E S E
I L O L R H B F C L A E T F
W I N A J R M O E E I W S D
S G P X U O O A V C R N T O
G H S S A L E R L F A H O O
O T T Y E E E R Y L I B R F
L I A R T S B K O L O R I U
C U S S E N R E D L I W E N
S E E R T U S L E E P M S I
S O N G S O M R E H T X A Z
F I S H Y C S U N R I S E F
```

Solution on Page 269

ASPHALT

BRAKES

BRIDGES

CAR

CHAINS

COAST

CONDITIONS

CONTROL

CRASH

CURVES

DANGEROUS

DEFENSIVE

DRIVER

FOG

FROSTY

FROZEN

GREASE

HAZARDOUS

ICE

INJURIES

LANES

MIST

OIL

OVERPASSES

PERILOUS

PLOWS

RAIN

RISKY

SKID

SLIP

SLOW

SLUSH

SNOW

SPEED

TIRES

TRACTION

UNSAFE

WARNING

WATER

WET

```
I L Q S L U S H Z T E W K G
C H S E N A L I Q S C L T R
U R Y S T R A C T I O N I E
R S A K I F U E R M N O R A
V F U S S C W B R I D G E S
E F R O H I N J U R I E S E
S V S A R W R T R E T A W N
O E I U I E W A R N I N G S
T N G S O N G O F R O Z E N
S V C U N D S N L T N S A O
A D F O V E R P A S S E S W
O D R L N D F A E D K K P W
C A O I S T R E Z E I A H J
C E S R V L R L D A D R A W
X U T E O E I O I G H B L I
J K Y P P M R P L O W S T T
```

Solution on Page 269

BEACH

BLISS

CALM

CAREFREE

CLOUD NINE

COCONUTS

CORAL REEF

COVE

EDEN

FAIRYLAND

FANTASY

FLOWERS

GETAWAY

GORGEOUS

HARMONIC

IDEAL

IDYLLIC

ISLAND

JOYFUL

LOVELY

OCEAN

PALMS

PEACE

PERFECT

PLEASING

PROSPEROUS

QUIET

REMOTE

SAND

SEA

SHIP

SNORKEL

SUN

TIMELESS

TOURIST

TOWEL

VACATION

WARM

WAVES

WONDERLAND

```
S S E L E M I T S H I P T L
T N A E C O F L O W E R S E
U R E M O T E W A R M O I W
N Y G O R G E O U S F S R O
O A H C A E B N H S A P U T
C W P C L O U D N I N E O M
O A E Y R D T E O L T R T L
C T R L E D D R Q B A O E A
H E F E E E N L H S S U I C
D G E V F X D A U P Y S U W
N M C O A R R N L F A R Q A
A E T L Q M E D P Y Y L X V
L E K R O N S E A E R O M E
S V G N I S A E L P A I J S
I O I C O H N O I T A C A V
A C I L L Y D I D E A L E F
```

Solution on Page 269

ACCOUNTANT

ADD

AXIS

BOOKKEEPER

BRACKETS

CALCULUS

CASH REGISTER

COMPUTE

DATA

DECIMALS

DIVIDE

EIGHT

ENGINEERING

FIGURES

FIVE

FORMULA

FOUR

GRAPH

MATH

MEMORY

MULTIPLY

NINE

NUMBERS

ONE

PARENTHESES

PERCENT

PLUS

POWER

PUNCH

SCHOOL

SEVEN

SIX

SOLAR

SQUARED

SUM

THREE

TOTAL

TWO

TYPE

ZERO

Calculator

```
Z R P A Z S Y B Q S Y T B E
O E E E T R U O F E L H N N
P W R T O A Q O F V P G M O
Q O C M S X D K I E I I T L
D P E A E I N K V N T E N A
K M N T S S G E E M L A A T
I D T H E S R E B M U N T O
E F D P H S R P R D M S N T
Q N L A T I C E T H C N U P
G U O R N X A R Y S S A O P
S D O G E E L T P F O A C G
O I H B R A C K E T S L C E
Y V C T A L U M R O F G A E
Z I S W P S L A M I C E D R
Z D C O M P U T E N I N X H
D E R A U Q S E R U G I F T
```

Solution on Page 269

BED	LIBRARY
BICYCLE	LIGHT
BOY	MOUNTAIN
BREAKFAST	OBJECT
BRIDGE	PEOPLE
CITY	PLACE
CLOTHES	QUILL
CREATURE	SCHOOL
DINNER	STAR
ELEPHANT	TABLET
GIRL	TEAM
GRASS	TELEPHONE
GROUP	TRAIN
GYM	TREE
HAMMER	TUNNEL
HOLIDAY	VEIN
HOUSE	YEAR
IDEA	ZEBRA
ISLAND	
JELLYFISH	
KITTEN	
LAMP	

```
D S K U F P P T B O Y X B G
N C T S B F E K I T T E N S
I H R J R V H O U S E L A M
A O E E E N O H P E L E T R
R O E I A L E C A L P A U X
T L N U K T L D Q C E C N P
E C O I F F U Y G Y P D N D
L I B R A R Y R F C K T E Z
B T J A S T O H E I K N L B
A Y E T T U N E A B S A R D
T S C S P S G U Y M V H I A
H L T Y A D I L O H M P G R
G A E D I N N E R M A E T B
I M G R A S S Q U I L L R E
L P B Y T Q C L O T H E S Z
B T T T M W A W E C H W E F
```

Solution on Page 270

AMBULATION

BALANCE

BRISK

DISTANCE

DOG

EXERCISE

FEET

FITNESS

FOOTPATH

FUN

GAIT

GROUND

HEALTHY

HIKING

JOGGING

KNEES

LEGS

LEISURE

LOCOMOTION

MALL

MARCHING

MOVEMENT

MUSCLES

NATURE

PACE

PEDESTRIAN

PEDOMETER

POWER

ROAD

RUNNING

SIDEWALK

STEPS

STICK

STRIDE

TRAILS

TRAVEL

TREADMILL

WATER

WELLNESS

WORKOUT

```
K M U S C L E S E E N K R H
C R O A D D I S T A N C E E
I U K V N M W O R K O U T A
T N U U E E S I C R E X E L
S L O C O M O T I O N D M T
T R A I L S E H G A I T O H
G P R L T C T N H R O W D Y
G W A Q N A I R T S E D E P
A M A A P H L S A L A S P E
Y J L T C I F U L V F G S R
G A O R E I S N B F E E T U
B O A G T R E A D M I L L S
F M D N G S I D E W A L K I
U Q E K S I R B N A T U R E
N S P E T S N P O W E R X L
S V H I K I N G N I N N U R
```

Solution on Page 270

ADVENTURE

BAG

BED

BLANKET

CAMP

COT

CUSHION

DOWN

FILL

FLOOR

FOLDED

FOREST

GEAR

GROUND

HIKING

INSULATED

KIDS

LINING

MATERIAL

MATTRESS

MUMMY

NAP

NIGHT

NYLON

OUTDOOR

PAD

PILLOW

PROTECTIVE

RATINGS

ROLL

SLEEP

SOFT

STRAPS

TEMPERATURE

TENT

THERMAL

TRAVEL

WATERPROOF

WOOL

ZIP

```
Z L O O W B S G C F I Q H D
D L C G C F A W E K I D S N
T O D N U O R G R O O L F Y
T R W I B L A N K E T O L L
K P A N D D E W K E O P L O
A N R I G E A R M R I A R N
D S I L B D B P P L I U O F
V I T G D J E R L R R I O S
E X Y R H R E O E H H R D G
N T M B A T W T R S E T T N
T H M T A P A E U S I F U I
U E U W M M S C T N X O O K
R R M A Z D E T A L U S N I
E M C I R A T I N G S Q Q H
D A P C W L E V A R T E N T
S L E E P S S E R T T A M A
```

Solution on Page 270

ALIENS

BAFFLING

BIGFOOT

BLACK HOLE

CREAK

CRYPTIC

DREAMS

ENIGMA

GHOST

HIDDEN

ILLUSIONS

LEGEND

LIFE

MAGICAL

MONSTER

NOISE

ODD

PARANORMAL

PERSON

PREMONITION

PUZZLING

PYRAMIDS

SHADOW

SPHINX

SPOOKY

STORY

STRANGE

TALE

TIME TRAVEL

UFOS

UNCANNY

UNCLEAR

UNIVERSE

UNNATURAL

UNSOLVED

UNUSUAL

WEIRD

WHISPER

YETI

```
U S S M A E R D N E G E L A
N O S R E P S H A D O W L M
U F P U Z Z L I N G L I Z G
S U C R E T S N O M E I B I
U N C L E A R B D N V L F N
A P Y R A M I D S U A T I E
L G Y S Z G O D N C R P L D
Y H K R F T E N K C T A L D
N O O O O V A H I I E R U I
N S O N L T O L L T M A S H
A T P O U L S W E P I N I S
C E S R E V I N U Y T O O P
N N A W H I S P E R E R N H
U L E G N A R T S C Y M S I
C R E A K G N I L F F A B N
W E I R D M A G I C A L G X
```

Solution on Page 270

EAGER

EASE

EAT

ECONOMY

EFFORT

EGG

ELDER

ELEGANT

ELEPHANT

EMERGED

EMOTION

EMPIRE

EMPTIED

ENABLE

ENCLOSED

END

ENERGY

ENGLISH

ENORMOUS

ENTER

ENTITLED

ENTRANCE

ESCAPE

ESSAY

ESTATE

EVEN

EXAMPLE

EXCESS

EXCHANGE

EXCITED

EXERCISE

EXHIBIT

EXIST

EXOTIC

EXPECT

EXPERT

EXPLODE

EXPORT

EXPRESS

EXTERNAL

```
E T G T T E S I C R E X E L
S E S E R N X U E L D E R G
T E L I X O A P O R P N I Y
A R N E X H P H R M V C P G
T R O T G E I X P E R L M R
E E L F R A D B E E S O E E
S T Y T F A N E I L L S N N
E N A B L E N T I T L E D E
X E S C A P E C R T G D A L
O D S S N T E E E N P G S P
T O E N R M M N A O E M S M
I L O E E O E H D R L C E A
C P P R T E C O N O M Y C X
L X G I X X W D E T I C X E
E E O U E N G L I S H D E G
D N E V E E X P E C T G K G
```

Solution on Page 271

ARCH

BALL

BOOTS

BUNION

CALLUS

CORNS

DANCE

FLAT

FOREFOOT

HAIRY

HEEL

HOOF

INSTEP

JOINT

JUMP

KICK

LEG

LIGAMENT

NAIL

PAIN

PAWS

PEDICURE

PODIATRY

RUB

SANDALS

SHOES

SKIN

SMELLY

SNEAKERS

SOCKS

SORE

STINKY

STRETCH

STROLL

TAP

TENDON

TOES

VEINS

WANDER

WARTS

```
Q A B Q E J Y R I A H G Y R
A D U U C K U B U R E I S H
W X C W N T K M K C I K B F
Z E S I A I P N P H I G O B
E E T S D N O O S N I E V A
G S R S L A D N A S S L F L
H M A C N I R E S T R O L L
E E W C A O G L R O E H A I
I L E T C L N A Z O K C T A
E L R L N O L B M F A T D N
W Y P E D I C U R E E E I I
B V T N S N O J S R N R F A
T O E S E S S J K O S T P P
U T B O O T S Z C F S S A W
K E Z R H E C H O O F W T S
A H T E S P O R S Y S R A Z
```

Solution on Page 271

ASTROTURF

AUDIBLE

BACKFIELD

BLOCKING

DEFENSE

FITNESS

FOOTBALL

FUMBLE

HALFTIME

HELMET

HUDDLE

KICK

LINEBACKER

LINEMEN

MIDFIELD

MOTION

OVERTIME

PENALTY

QUARTERBACK

RECEIVER

RED ZONE

REDSHIRT

REFEREE

RETURNER

SACK

SCRIMMAGE

SIDELINES

SWEEP

TACKLE

TIGHT END

TURNOVER

UMPIRE

UPRIGHTS

WISHBONE

```
J P M Y T L A N E P E F W L
A U D I B L E L D D D U H H H I
H G N I K C O L B M F A E N
D L E I F K C A B R L S L E
L U T E S C S L U F N E M M
E M H N S A E T T E G N E E
I P G O E B O I F A L I T N
F I I B N R M E M I L L R N
D R T H T E D M N K A E I U
I E T S I T I E C R B D H P
M V A I F R B I Y C T I S R
O I C W C A K C A S O S D I
T E K S C U R E D Z O N E G
I C L K O Q E E R E F E R H
O E E M I T R E V O N R U T
N R E N R U T E R P E E W S
```

Solution on Page 271

BEACH

BIKING

BOOK

BREAK

CALMNESS

CAMPING

COLORING

COMFORT

COZY

CRUISING

DINNER

DIVERT

ENJOY

EXERCISE

FIRESIDE

FISHING

FLOATING

FRIENDS

GAMES

HIKING

KNITTING

LAZINESS

MASSAGE

MOVIE

MUSIC

NAPS

PARK

PEACEFUL

POOL

RECLINER

RESTING

RETREAT

SAILING

SERENITY

SKIING

SLEEPING

SOOTHED

SUNNY

WINE

YOGA

```
R S C A G O Y L D I V E R T
S E M A G N I I K S A N E Y
U R C A M P I N G A U H N X
N E F L A A S H B I K I N G
N N Q R I G S P S L W K I S
Y I K F E N S S A I Z I D L
L T T G X I E C A N F N N E
O Y G N E T N R Q G E G X E
O M N I R A M O V I E X S P
P T I T C O L O R I N G S I
B R T S I L A F Y O J N E N
O O T E S F C R U I S I N G
O F I R E S I D E M U S I C
K M N D E H T O O S C O Z Y
X O K A E R B R E T R E A T
H C A E B P E A C E F U L H
```

Solution on Page 271

ABBREVIATIONS

ALPHABET

AMATEUR RADIO

ARMY

AVIATION

DAHS

DASHES

DECODE

DISTRESS

DITS

EMERGENCY

HISTORY

INTERNATIONAL

LANGUAGE

LETTERS

LICENSE

LONG

MARK

MESSAGES

NAVIGATION

NUMBERS

NUMERALS

OLD

OPERATOR

READ

RECEIVER

RHYTHM

SIGNALS

SOUNDS

STRAIGHT KEY

TAP

TELEGRAPHIC

TRANSLATE

TRANSMISSION

WIRE

WPM

```
Y C N E G R E M E D O C E D
R S A O Y R O T S I H W E S
E N V L I C E N S E L P G R
C O I D A R R U E T A M A E
E I G A D O S N R E N E U B
I T A S E P H O T L O S G M
V A T H T E A I S E I S N U
E I I E L R D S I G T A A N
R V O S S A A S D R A G L U
H E N O I T A I V A N E S M
Y R D U G O K M G P R S R E
T B A N N R R S K H E I E R
H B E D A Y A N D I T S T A
M A R S L P M A E C N K T L
E T A L S N A R T W I R E S
A L P H A B E T A G N O L Y
```

Solution on Page 272

ACTOR

ALBUM

ATHLETE

AUCTION

AUTHOR

BAND

BASEBALL

BASKETBALL

BOOK

CELEBRITY

COLLECTOR

COSIGN

ENDORSEMENT

FAKE

FAMOUS

FLOURISH

FOOTBALL

FORGERY

GOLF

HAT

HERO

HOBBY

HOCKEY

HOUND

INK

JERSEY

KIDS

LETTERS

MEMORABILIA

MUSICIAN

NAME

PLAYBILL

PLAYERS

POLITICIAN

SPORTS

STAR

TICKET

TRADE

VALUE

WRITE

```
M P H O C K E Y E S R E J W
U L S P O L I T I C I A N R
B A I C E L E B R I T Y H I
L Y R E D A R T U T S E E T
A B U Y B B O H E P U G R E
U I O N L T A I O L B O O K
C L L A L E C R A I H R P I
T L F I A K T V N T O T L D
I P A C B S O K U T D L A S
O F M I T A R A C N L R Y L
N O O S O B R E U A N A E T
G R U U O P L O B A K T R I
O G S M F L H E M A T S S C
L E N D O R S E M E N T A K
F R Q C F A K E R I M D T E
G Y X L B C O S I G N H A T
```

Solution on Page 272

ANTIQUE

BABY

BEER

BREAKABLE

BROKEN

CAP

CLOSURE

COLA

CONTAINER

CROWN TOP

DISPOSE

DRINK

EMBOSSED

ENVIRONMENT

FLUTED

GINGER ALE

GLASS

HOUSEHOLD

JUICE

KETCHUP

LABEL

LIQUID

LOTION

MESSAGES

MILK

MOUTH

NECK

OIL

PAINT

PLASTIC

RECYCLE

REUSABLE

SHAMPOO

SODA

SPRAY BOTTLE

STORAGE

SYRUP

UNSCREW

WATER

WINE

```
T Q D I U Q I L B A B Y J S
W I N E C I U J K C E N E O
D B S N T H O U S E H O L D
B I R T E U Q I T N A E O A
E S S E O K L I M V G I T K
E W P P A R O F E I L D I E
R M A R O K A R N R A E O T
E E K T A S A G B O S S N C
C S N C E Y E B E N S S R H
Y S I I W R B C L M N O E U
C A R H A E I O R E W B U P
L G D L T T R E T N F M S U
E E E C S U N C T T C E A R
B S H A M P O O S S L O B Y
A C L P K R P M C N E E L S
L P A I N T C L O S U R E A
```

Solution on Page 272

ABS

APPEARANCE

ARNOLD

BENCH PRESS

BODYBUILDER

CHAMPION

COMPETITIONS

CONTESTS

DUMBBELLS

ENERGY

EXERCISE

FITNESS

FLEXING

GROWTH

GYM

HARD

HEALTHY

IRON

MR UNIVERSE

MUSCULAR

NUTRITION

OIL

PHYSIQUE

PROTEIN

SPORT

STEROIDS

SUPPLEMENTS

TANNING

TRICEPS

VITAMINS

WEIGHT TRAINING

WEIGHTLIFTING

WORKOUTS

162

Bodybuilding Competition

```
S H T N D U M B B E L L S P
P A R I Y G R E N E S J U H
E R O E Y N G Y M N S B P Y
C D P T H I S Q U U E O P S
I O S O T T N S S T R D L I
R E M R L F I D C R P Y E Q
T S N P A I M I U I H B M U
I R O N E L A O L T C U E E
W E I G H T T R A I N I N G
O V P N T H I E R O E L T S
R I M I W G V T O N B D S S
K N A X O I E S I C R E X E
O U H E R E N D L O N R A N
U R C L G W G N I N N A T T
T M D F C O N T E S T S Z I
S B A A P P E A R A N C E F
```

Solution on Page 272

ANNUAL

BALLOONS

CELEBRATION

CHARACTERS

CHILDREN

CHRISTMAS

CLOWNS

COSTUMES

CROWDS

DANCING

DEPARTMENT STORE

ENTERTAINMENT

FUN

HELIUM

HERALD SQUARE

LONG

MACYS

MANHATTAN

MARCHING BANDS

NOVEMBER

NYC

PARADE ROUTE

PERFORMANCE

POLICE

ROCKETTES

SANTA CLAUS

SNOOPY

STREETS

THANKSGIVING DAY

TURKEY

```
G N I C N A D S G N Y C Y P
N O V E M B E R F N C H A O
C R O W D S P E U B O I D L
S S U A L C A T N A S L G I
A N N U A L R C S L T D N C
M A N H A T T A N L U R I E
T H E L I U M R O O M E V L
S N W O L C E A O O E N I E
I M A C Y S N H P N S S G B
R Y E K R U T C Y S H T S R
H E R A L D S Q U A R E K A
C E N T E R T A I N M E N T
E C N A M R O F R E P R A I
P A R A D E R O U T E T H O
J I S E T T E K C O R S T N
S D N A B G N I H C R A M X
```

Solution on Page 273

ASSIGNMENT	MUSINGS
BINDER	NOTES
CLASS	ORGANIZE
COMPOSITIONS	PAPER
COVER	PLANNER
DIARY	POCKET
DOODLES	RECORD
DRAWING	REFER
EDUCATION	SCHOOL
ENGLISH	SCIENCE
ESSAY	SCRAPBOOK
GRAPH	SCRIBBLES
HOMEWORK	SKETCHBOOK
IDEAS	SPIRAL
JOURNAL	STUDY
KEEP	THOUGHTS
LEGAL PAD	WRITE
LETTERS	
LINED	
LOOSE	
MATH	
MEMOS	

```
H P A R G K P O C K E T S H
R L K R O W E M O H S P G T
E E A C S O M E M G O A N A
F G D N L A R I P S O P I M
E A L U R A D O O D L E S D
R L R A C U S F S R K R U I
R P K L S A O S I O O F M A
S A O O O S T J T C O V E R
B D Y R O O I I I E B H T Y
I L D S G B H G O R H S A N
N L U C N A P C N N C I O S
D S T I I W N A S M T L U S
E A S E W E T I R W E G G E
R E N N A L P U Z C K N H T
Z D S C R I B B L E S E T O
L I N E D Z L E T T E R S N
```

Solution on Page 273

BABIES	INSECT
BALLOON	KITTEN
BEARD	KNOWLEDGE
BERRY	MOLD
BIRDS	MOSS
BUSH	PEOPLE
CATERPILLAR	PETS
CHILDREN	PLANT
COLLECTION	PUPPY
CUB	RELATIONSHIPS
DEBT	SEEDS
DUCKLING	SHRUB
FAMILIES	TREE
FAWN	VEGETABLE
FLOWER	VINE
FRUIT	WEALTH
GARDEN	WEED
GRASS	WISDOM
HAIR	
HAPPINESS	
HEDGE	
HERB	

```
E V I N E R D L I H C U P L
O B A L L O O N W S Y S E T
W F G C B U C D I P T E R S
Z R S B A B I E S I C E A T
R U M S T T W B D H E D G E
K I T T E N E T O S S S L P
Y T A B G N P R M N N D D U
F F K H E I I O P O I U E P
W A L D V R S P I I J C E P
E W M O N S R T P T L K W Y
T N I I W E C Y A A S L E M
K N O W L E D G E L H I A D
Y W A P L I R R K E R N L R
X M O L D A E A A R U G T A
A E O D P B U S H G B C H E
P C H E R B W S R S D R I B
```

Solution on Page 273

AEROBATICS

AERODYNAMICS

AIR SPORT

AIRCRAFT

AIRFRAME

ALTITUDE

BALLAST

BREEZE

CLIFF

CONTROL FRAME

DANGER

EXPERIENCE

EXTREME

FLIGHT

GLIDERS

GLIDING

HANG GLIDER

HARNESS

JUMPING

KITE

MOUNTAINS

PARAGLIDER

PLANE

RIDGE LIFT

SAIL

SKY

THERMALS

UNMOTORIZED

UNPOWERED

UPDRAFT

VARIOMETER

WIND CURRENT

```
Y S T R O P S R I A B J G C
E S A E X T R E M E R U L L
M E E D U T I T L A E M I I
U N R S D U D E B K E P D F
A R O W A L G M J I Z I I F
E A B I N I E O T T E N N M
R H A N G G L I D E R G G O
O B T D E Z I R O T O M N U
D A I C R T F A R C R I A N
Y L C U T Y T V F L I G H T
N L S R E D I L G A R A P A
A A I R F R A M E N A L P I
M S Z E X P E R I E N C E N
I T U N P O W E R E D Y K S
C O N T R O L F R A M E F W
S L A M R E H T F A R D P U
```

Solution on Page 273

ARCHITECT

BAGS

CLOTHES

CLUTCH

COSTUME

CREATOR

ENGINEER

FABRIC

FASHION

FRAGRANCE

FURNITURE

GAMES

GRAPHIC

HOME

INDUSTRY

INTERIOR

INVENTOR

JACKETS

JEANS

LABELING

LANDSCAPE

LIGHTING

MATERIAL

MUSICIAN

ORIGINAL

PACKAGING

PAINTER

PERFUME

PLANNER

SCENERY

SCULPTURE

SETS

SOUND

UNIQUE

VISUAL

WEB

```
S E M A G I N V E N T O R J
L S F R A G R A N C E Y S E
R R P E R F U M E T R E T A
E O J A C K E T S T U E E N
N I F A B R I C S Q T N S S
N R T S K H O U I L I G F C
A E P A C S D N A L N I A I
L T R R T N U I I I R N S H
P N A U I O R P G G U E H P
A I M W T E R A N M F E I A
I E E H T P K I R C J R O R
N B O A D C L I G H T I N G
T M M N A E M U S I C I A N
E I U P B A G S C E N E R Y
R O T A E R C V I S U A L I
S C L U T C H S E H T O L C
```

Solution on Page 274

ADVERTISE

ANNOUNCEMENT

ARTWORK

BROCHURE

BUSINESS

CALENDAR

CAMPUS

CARD

CELEBRATION

CLASSROOM

COMMUNITY

CORKBOARD

CREATIVE

DESIGN

DORMITORY

FOR HIRE

FOR SALE

FOUND

FREE

GARAGE SALE

HELP LINE

HELP WANTED

ITEMS

LOST

MAPS

MARKERS

MEMO

MESSAGE BOARD

NOTE

NUMBERS

PAPER

PIN

PLANS

REMINDER

ROOMMATE

SCHOOL

```
B O N O I T A R B E L E C C
M M B U S I N E S S H E L A
H E L P W A N T E D Q R A L
E M S O K R O W T R A U S E
L D A S O S U P M A C H S N
P R E E A H N X M X N C R D
L A T L P G C B T U I O O A
I O D R A C E S M Y P R O R
N B N V P S M B T P M B M E
E K G G E A E I O I F F M M
I R I T R R N G T A O G A I
T O S K S U T O A U R P T N
E C E R M O R I N R S D E D
M R D M Z Y L D S N A L P E
S F O R H I R E F E L G I R
H C R E A T I V E E E R F B
```

Solution on Page 274

AMBULANCE

ANESTHETIC

BED

CAFETERIA

CLEAN

DELIVERY

DIAGNOSE

DISCHARGE

DOCTOR

EMERGENCY

EXAMINATION

FAMILY

FLOWERS

FRIENDS

GOWN

ILLNESS

MEALS

MEDICATE

MEND

MONITOR

NEEDLE

OBSERVE

OPERATE

POSITIVE

QUIET

RECOVERY

REPAIR

REST

ROOM

SCAN

STAY

SURGEON

TECHNICIAN

TEST

TOILETRIES

TRANSFUSION

VISITORS

VITALS

```
D Y B E D A M B U L A N C E
I C N A C S S E N L L I T V
S N O E G R U S T N T R E R
C E S O N G A I D E A E C E
H G I G O W N C H N I C H S
A R Q R I M L T S E R O N B
R E M H T E S F D O E V I O
G M F D A E U A O V T E C P
E E R N N S L M C I E R I E
T S I A I E M I T S F Y A R
A L E O M E M L O I A E N A
C A N Y A T S Y R T C J E T
I T D L X S R E W O L F E E
D I S D E L I V E R Y S D I
E V I T I S O P Y S T Z L U
M O N I T O R I A P E R E Q
```

Solution on Page 274

CANVAS

CARVE

CAST

CHISEL

CLAY

COLOR

COMPOSE

CONCOCT

CONTRIVE

CRAYON

CREATE

DANCE

DECORATE

DESIGN

DIGITAL

FABRICATE

FASHION

FORGE

GALLERY

GENERATE

INK

LANDSCAPE

MAKE

MODERN

MOSAIC

MURAL

MUSIC

OIL

PASTEL

PENCIL

PIGMENT

PLAN

POETRY

PORTRAIT

SCULPT

SIGNATURE

SKETCH

TALENT

THEATER

VISION

```
M D A N C E G R O F M F S G
U E T A E R C T H E A T E R
S S V R C H O I L I C N E P
I I S V I S I O N R E D O M
C G K S E T A C I R B A F T
A N E F U P T I A R T R O P
S L T A E L A T N E M G I P
T A C S T V E C A R V E N P
P T H H A E I T S E A O L E
X I C I R Y Y R S D Y A C E
L G A O O E R U T A N G I S
A I N N C I T E R N P A C O
R D V W E N E C L O O U L P
U D A O D K O K F L L C A M
M O S A I C P C A P A O Y O
M H K T N E L A T M S G C C
```

Solution on Page 274

APPLICATIONS

BASIC

BINARY

BUGS

CAREER

CLASS

COBOL

CODING

COMPUTERS

DATA

DEBUGGING

DEVELOPMENT

ENGINEERING

FORMAL LOGIC

FUNCTION

HARDWARE

HTML

INFORMATION

INPUT

INTELLIGENCE

JOBS

LANGUAGES

MACHINE

MAINTAIN

MATHEMATICS

MODERN

NETWORK

OPERATING SYSTEM

RUN

SOURCE CODE

TROUBLESHOOTING

```
C M N S S G U B K O C T Y L
M A R B N R A N R P L R R M
A C E O O S R O O E A O A T
I H D J I E Q I W R S U N H
N I O C T G I T T A S B I A
T N M D A A N A E T C L B R
A E C E C U T M N I I E D D
I D O V I G E R G N T S E W
N O M E L N L O I G A H B A
O C P L P A L F N S M O U R
I E U O P L I N E Y E O G E
T C T P A O G I E S H T G E
C R E M M B E N R T T I I R
N U R E K O N P I E A N N A
U O S N Z C C U N M M G G C
F S A T A D E T G N I D O C
```

Solution on Page 275

BENEFICIAL

CARE

COMFORTING

DEVELOP

DEVOTED

DISCUSS

EDUCATE

EMPATHETIC

ENCOURAGE

ENRICH

FATHER

FOND

GENTLE

GRANDMA

GROWTH

GUIDING

HELPFUL

INFLUENCE

INSTRUCT

KIND

LISTEN

LOVING

MATERNAL

MINDFUL

MOTHER

PLEASANT

PROTECT

RAISING

REARING

SWADDLE

SYMPATHETIC

TALK

TENDER

UNCLE

UPLIFTING

WARM

```
L D E V E L O P R O T E C T
U U T N A S A E L P D Z T A
F W F Z C M O T H E R A C L
D A H P D O L O V I N G U K
N R E N L B U O H T W O R G
I M A C B E T R E D N E T E
M R C I T E H T A P M Y S L
G A O T D D N I K G F O N D
E I M E L T N E G X E K I D
T S F H U P L I F T I N G A
A I O T N G N I D I U G F W
C N R A C J M D I S C U S S
U G T P L I S T E N R I C H
D D I M E P L A N R E T A M
E C N E U L F N I Y P F G L
U D G N I R A E R E H T A F
```

Solution on Page 275

ANCIENT

ASIA

BEAST

BIG

BOOKS

CASTLE

CAVE

CHINA

DANGER

DUNGEON

EUROPEAN

EVIL

FANTASY

FEAR

FLY

GIANT

HARRY POTTER

HUGE

JAPAN

KNIGHT

KOMODO

LAIR

LARGE

LEGEND

LIZARD

MAGIC

MEDIEVAL

MONSTER

PRINCESS

PUFF

SCALE

SERPENT

SIZE

SLAY

SWORD

SYMBOL

TAIL

TEETH

TRADITIONS

WINGS

```
K O M O D O O C A S T L E R R
R I A L U C S N C T X L V U
O P G P N H C D A B E H I X
W H I R G I A I V G A E L D
E B C I E N L S E R P E N T
G D B N O A E N R M F L W H
U P T C N Q D Y E A B H R G
H T E E T J P D N L E N E I
A F B S N O I T I D A R T N
K I K S T E A Z A E S W S K
G E S T V S A N P K T I N L
W G E A Y R G O O N Z A O D
D R L F D E R O A E P B M B
R A E F R U B I X A M Q Y X
P L L U E L G J J Y A L S W
T Y S P D R O W S G N I W G
```

Solution on Page 275

AMINO ACIDS

BODY

CELLS

CHANGES

CHROMOSOMES

DISORDER

DNA

DOMINANT

DOUBLE HELIX

EGG

EVOLUTION

EYE COLOR

FATHER

FEATURES

GENETIC CODE

HEIGHT

HEREDITY

HUMAN GENOME

INHERITANCE

MOTHER

MUTATIONS

NUCLEOTIDES

OFFSPRING

PARENTS

PEOPLE

PHENOTYPE

RECESSIVE

RNA

SPERM

UNDERSTANDING

VARIATION

Genetic Information

```
C L T V V A R I A T I O N H H
N S E R U T A E F Z I X V E U
U N D E R S T A N D I N G G G
C O C H A N G E S L L E C G L
L I Y T I D E R E H T A F N N
E T S O V M N H E I G H T I I
O A E M O N E G N A M U H R T
T T M Y B L T S T N E R A P P
I U O L B D I S O R D E R S S
D M S U R E C E S S I V E F F
E Y O S D I C A O N I M A F F
S D M S E V O L U T I O N O O
P O O Z V H D O M I N A N T T
E B R U E Y E C O L O R N A A
R P H E N O T Y P E P E O P L E
M E C N A T I R E H N I Y U U
```

Solution on Page 275

PUZZLES • **187**

AIRPORTS

AVAILABLE

CAB DRIVER

CABBIE

CALL

CATCH

CITIES

DESTINATION

DISTANCE

DRIVERS

EXPENSIVE

FARE

FLAG

FUEL

GAS

HAIL

HIRE

LIGHT

LOCATION

LONDON

METER

MILEAGE

MONEY

NEW YORK

PASSENGERS

PICK UP

PUBLIC TRANSPORT

RADIO

RATE

RIDE

STREETS

TAXI

TIP

TRAFFIC

TRANSPORTATION

TRAVEL

TRIP

VEHICLE

WAVE

YELLOW CAB

```
T R A N S P O R T A T I O N
R A D I O L G E V P I R T C
O Y V X L O C A T I O N P C
P E G A E L I M E T E R A A
S N C T B L O N D O N B S B
N O I T A N I T S E D E S B
A M E B C L E U F R I T E I
R P L C W L X P I T R A N E
T E C C O H P V I E P R G N
C C I A L I E C E U E A E I
I N H T L R N T K D L W R W
L A E C E E S C I F Y M S P
B T V H Y A I R P O R T S Z
U S A G H P V S R E V I R D
P I W F A R E K L I G H T T
L D C I F F A R T R A V E L
```

Solution on Page 276

ACCUSATION

ADVOCATE

APPEAL

ARGUMENT

BAR

BENCH

BIBLE

BOX

CHAIRS

CHAMBERS

CHARGE

CLAIM

DAMAGES

DEFENSE

EVIDENCE

FLAG

GALLERY

GAVEL

GUILTY

HANDCUFFS

INNOCENT

JUDGE

LAWYER

LECTERN

MICROPHONE

NOTES

OBJECTION

OBSERVERS

OVERRULED

PLAINTIFF

PLEA

RECORD

REPORTER

RULING

SEAL

SPECTATORS

SUBPOENA

SUSPECT

Courtroom Drama

```
B S L A E P P A E L P E Y F
E R E P O R T E R H G T O L
N O C S E G A M A D L B A A
C T T P E Z I N U I S E E G
H A E I E A D J U E S V C A
A T R D L C E G R A H C N V
M C N C U A D V O C A T E E
B E C F O V E R R U L E D L
E P F U A R G U M E N T I D
R S D X S U B P O E N A V B
S U E P L A I N T I F F E I
E S F N O I T C E J B O X B
T N E C O N N I R E Y W A L
O B N E N O H P O R C I M E
N A S R I A H C G N I L U R
Y R E L L A G R E C O R D I
```

Solution on Page 276

AFTERNOON

BAKE

CALENDAR

CHANGE

COMMON

CONVERSATION

COOK

COSMETICS

DAILY

DEODORANT

DIARY

DISHES

DRIVE

DUST

EAT

EVENING

EVERYDAY

EXERCISE

FLOSS

LAUGH

LUNCH

MORNING

MUNDANE

NIGHT

OFTEN

ORGANIZED

PLAY

REGULARLY

REST

ROUTINE

SCHOOL

SHAVE

SHOWER

SLEEP

SMILE

SNACK

TALK

THINK

WAKE

WORK

```
C L E G N A H C S L E E P U
N O O N R E T F A M U V R Y
I O S M I F V D I S H E S R
G H I M U T H I N K G N M A
H C D T E N U Y R U U I I I
T S C B A T D O L D K N L D
S S A A M S I A R I M G E K
E O L K M H R C N J A Z S C
R L E E O L G E S E I D I A
H F N V Y A B U V N G Z C N
K F D E O D O R A N T C R S
L P A R F A T G I L O E E C
A M R Y T A R N U M W C X O
T S U D E O R N M O F A E O
C T I A N O C O H W O R K K
P L A Y M H N S H A V E N E
```

Solution on Page 276

ART

BLUE

CALCITE

CEMENT

CLASS

COLOR

DRAW

DRIVEWAY

DUST

EDUCATION

ERASE

GRIP

KIDS

LINES

MATH

ORANGE

PASTEL

PAVEMENT

PINK

POWDER

PURPLE

RED

ROCK

SCHOOL

SEDIMENT

SEWING

SIDEWALK

SOFT

STICK

SUBSTANCE

TAILOR

TALLY

TEACH

TENNIS

TRAY

WEIGHTLIFTING

WHITE

WIPE

WRITE

YELLOW

Chalk Everywhere

```
Y A R T S U D K E W R Y B E
T E N N I S L R C E M E N T
C Y I E X A A E P I W L V I
H T A M W S T L P G U L B R
B L U E E T E A C H B O L W
L P D V D S R S I T Y W E S
G I R A R U O C A L C I T E
S R A P I B C Y L I O I S N
Q G W K V S K A S F L R A I
W H I T E T T P T T O A P L
S D N W W A L X I I R E U Q
S O I A A N O K C N O G R G
D N F R Y C I N K G K N P I
G W E T N E M I D E S A L R
K D P L F I P O W D E R E L
W C D W A B A S C H O O L J
```

Solution on Page 276

ATTRACTIVE

BEAUTIFUL

BRANDS

CAMPAIGNS

CAREER

CATWALK

CINDY CRAWFORD

CLAUDIA SCHIFFER

CONTRACTS

COVER GIRL

DESIGNERS

DIET

DIVA

ENDORSEMENTS

FAME

FASHION

FIT

HAUTE COUTURE

HEIDI KLUM

LABELS

MAGAZINE COVER

PARIS

POPULAR

PRETTY

RICH

RUNWAY

SHOWS

STYLE

TALL

TELEVISION

TYRA BANKS

VOGUE

YOUNG

Famous Models

```
H A U T E C O U T U R E P K
P R U T E L E V I S I O N P
T Y R A B A N K S A P O R H
K T A L L U F I T U A E B E
S B R A N D S T L I T H S I
S W O H S I R A P T F C T D
D R O F W A R C Y D N I C I
E M A F C S L E B A L R A K
D I E T Z C O V E R G I R L
A V I D Z H Y A W N U R T U
R V S N G I A P M A C X N M
E L Y T S F A S H I O N O G
E U G O V F K L A W T A C N
R E V O C E N I Z A G A M U
A E N D O R S E M E N T S O
C M F S R E N G I S E D J Y
```

Solution on Page 277

ABIGAIL

ALLISON

ANNA

ANTHONY

ASHLEY

BRANDON

CAMERON

DESTINY

ELLA

EMILY

HUNTER

JASON

JENNIFER

JESSICA

JOHN

JORDAN

JOSEPH

JOSHUA

JUSTIN

KAYLA

LAUREN

LUKE

MADISON

MATTHEW

MICHAEL

MORGAN

NATALIE

NATHAN

NICHOLAS

NICOLE

OLIVIA

RACHEL

ROBERT

SAMUEL

SOPHIA

SYDNEY

TAYLOR

THOMAS

WILLIAM

ZACHARY

Solution on Page

Solution on Page 277

BELA LUGOSI

BITE

BLOODSUCKING

BOOKS

BRAM STOKER

BUFFY

CAPE

CARMILLA

CASTLE

COUNT DRACULA

CRUCIFIX

CULT

DARK

DEATH

DEVIL

FRIGHT NIGHT

HEART

HELLSING

HUNTER

LOST BOYS

LUST

MOVIES

NOSFERATU

NOVEL

SLAYER

STAKE

SUNLIGHT

THE HUNGER

TRANSYLVANIA

TRUE BLOOD

TWILIGHT

UNDERWORLD

VAMPIRES

VAN HELSING

Scary Tales

```
S C N C T W I L I G H T F B
L A O R R C B H S R S R R U
A R V U A A L E K E E S E F
Y M E C N S O A O K I U G F
E I L I S T O R O A V N N Y
R L T F Y L D T B T O L U T
N L L I L E S R C S M I H R
O A O X V M U E A B U G E U
S H S K A C C T P C I H H E
F E T R N U K N E N U T T B
E L B A I L I U T S U L E L
R L O D A T N H T A E D A O
A S Y I S O G U L A L E B O
T I S G N I S L E H N A V D
U N D E R W O R L D E V I L
K G N F S E R I P M A V V Q
```

Solution on Page 277

ANKLE	RUN
CALF	SECTION
CHAIR	SEGMENT
DANCING	SHAVE
FEMUR	SKIP
FIBULA	SLACKS
FOOT	SMOOTH
FOUR	SORE
HEEL	STAND
HIP	STRAIN
HOP	SUPPORT
INJURY	SWIM
JEANS	TABLE
JUMP	TANNED
KNEE	TENDON
LAMB	TURKEY
LIMB	TWO
LONG	WALK
MUSCLE	
NERVE	
PANTS	
PATELLA	

S E L A N U S H A V E I S O
T K O S U T M U Y B V X L G
X C L W R C H E P Y N K N V
J F M A T W K N M M T G U H
A S I E W R Y L U A N K L E
L N W B U R O S J I E I F E
R A S T U N C P C J M F O L
C E M J G L P N P B G R O O
Y J N B E G A P O U E I T P
B I E O Y D N L F I S A A P
K F R S D T T T L L T H N P
I N V O Y N S F A E A C N I
F W E R E T E C P B T C E K
U O V E A M K T H I L A D S
F E U N U S M O O T H E P N
E T D R Z L E J P R A N S Q

Solution on Page 277

BARREL

CHARGE

CIRCUIT

COAL

CONDUCTOR

CRUDE OIL

CURRENT

DAM

DIRECT

ELECTRICITY

FILAMENT

FISSION

HYDROGEN

INSULATOR

JOULE

KEROSENE

KINETIC

LANGLEY

LIGHTNING

METHANOL

NATURAL GAS

NUCLEAR

OHM

OPEN

PETROLEUM

POTENTIAL

POWER

RENEWABLE

SHOCK

SOLAR

SYNTHETIC FUEL

THOMAS EDISON

TRANSFORMER

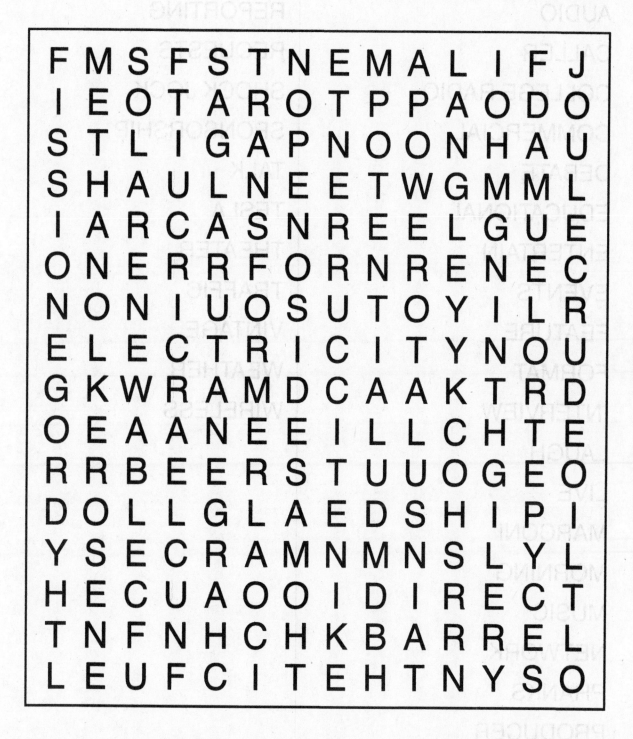

```
F M S F S T N E M A L I F J
I E O T A R O T P P A O D O
S T L I G A P N O O N H A U
S H A U L N E E T W G M M L
I A R C A S N R E E L G U E
O N E R R F O R N R E N E C
N O N I U O S U T O Y I L R
E L E C T R I C I T Y N O U
G K W R A M D C A A K T R D
O E A A N E E I L L C H T E
R R B E E R S T U U O G E O
D O L L G L A E D S H I P I
Y S E C R A M N M N S L Y L
H E C U A O O I D I R E C T
T N F N H C H K B A R R E L
L E U F C I T E H T N Y S O
```

Solution on Page 278

ADVICE

AUDIO

CALLER

COLLEGE RADIO

COMMERCIAL

DEBATE

EDUCATIONAL

ENTERTAIN

EVENTS

FEATURE

FORMAT

INTERVIEW

LAUGH

LIVE

MARCONI

MORNING

MUSIC

NETWORK

PRANKS

PRODUCER

PROGRAMMING

PROMOTION

PUBLIC

REPORTING

REQUESTS

SHOCK JOCK

SPONSORSHIP

TALK

TESLA

THEATER

TRAFFIC

VINTAGE

WEATHER

WIRELESS

```
F U M U S I C F E A T U R E
O K R O W T E N V A P T H N
R L N L R N G E I I R G A T
M A O A R N N V N N O E U E
A T I I E D I E T O D P D R
T R T C P E M N A C U U I T
H E O R O B M T G R C B O A
E Q M E R A A S E A E L S I
A U O M T T R W T M R I H N
T E R M I E G I E V J C O T
E S P O N S O R S H I P C E
R T G C G N R E L L A C K R
C S K N A R P L A U G H J V
C C O L L E G E R A D I O I
C I F F A R T S A D V I C E
W E A T H E R S L I V E K W
```

Solution on Page 278

BALL

CHIFFON

CUFF LINKS

DAPPER

DESIGNER

DICKEY

DRESS

ELEGANT

EVENING

EXPENSIVE

EXQUISITE

FORMAL

FRILLS

GOWN

HEELS

JEWELS

LACE

LAPELS

LOAFERS

LUXURIOUS

ORGANZA

PARTY

PROM

SEQUINS

SHAWL

SHOES

SILK

SPECIAL

STYLISH

SUIT

TAILCOAT

TIE

TOP HAT

TOPCOAT

TRENDY

TUXEDO

VELVET

VEST

WEDDING

WOOL

```
B P E W Y D N E R T I E O W
Z R O S I L K W E D D I N G
T O P C O A T D R E S S C N
L M K L U X U R I O U S W I
N E S R E F A O L R H V S N
Y W S E E C F T N A G E L E
V T O N X P A L W Q O X A V
J C A G I Q P L I H U P I E
C E H I L U U A S N G E C S
S F W S L A Q I D C K N E T
V L U E I C M E S H G S P T
E P E D L L O R S I X I S U
L A P E L S Y A O F T V U X
V R T A H P O T T F L E I E
E T B F R I L L S O J V T D
T Y B D D U V A Z N A G R O
```

Solution on Page 278

AGING

ALE

AMOUNT

BEER

BOURBON

BREWERY

BROWN

CASK

COOPER

CRATE

FERMENTING

FISH

FLAVOR

FOOD

FUEL

GAS

GUN

HOLLOW

HOOP

KEG

LARGE

LID

OAK

OIL

PICKLE

PLASTIC

PORK

RAIN

RANCH

RIM

ROLL

RUM

SHIP

STORE

TAP

UNIT

VESSEL

WAREHOUSE

WINE

WOOD

Solution on Page

```
I W P I C K L E N Y X W Z W
A G L I B H G T J J L H O Z
L Y A U U R I M W M I O K T
E S S N U G E A E M D P N X
F N T I H D R W U R O W T W
G N I T N E M R E F O C T A
Z N C W H O E O J R F T N Z
J Q I O Y P B K B S Y W S S
J Q U G O K S R O V A L F H
E S H O A A M O U N T W X I
E K C O C W O L L O H O O P
T K N T P W I N E L B S A G
A J A O B O L G G S O R I B
R P R N I A R Q E U S R E F
C K X L K A M I O K L E U F
T X D I L R F Z P O R R V B
```

Solution on Page 278

AGED

ANCIENT

ANTIQUE

ART

BYGONE

CLOTHING

COSTUME

CULTURE

DANCE

DATED

DECADES

DESIGN

DISCO

EIGHTIES

ERA

EVOCATIVE

FASHION

FIFTIES

FORTIES

HISTORIC

ICONIC

LATE

MEMORIES

MOVIE

MUSIC

NEON

NOSTALGIC

OLD

OUTMODED

PAST

PRIMITIVE

RECALL

REVIVAL

SIXTIES

STYLE

THEME

THROWBACK

TOYS

TREND

WISTFUL

```
K D R E V I V A L A T E W C
I C O N I C D A N C E N I S
R E C A L L X O G T O Y S E
C D I S C O S D C E I A T D
I E I G H T I E S I D Q F A
D A L U A H S T P A S T U C
E N R L R I V H P N S U L E
V C G T E N C R W O E C M D
O I F S S G I O B I I U O A
C E O E E M R W Y H T L V T
A N R I I E O B G S F T I E
T T T T R L T A O A I U E D
I A I X O Y S C N F F R N N
V V E I M T I K E T H E M E
E D S S E S H T R E N D L O
A O U T M O D E D E S I G N
```

Solution on Page 279

ADMIRED

ARIEL

BELLE

CARRIAGE

CASTLE

CHARMING

CLASSY

CROWN

DAUGHTER

DIGNIFIED

DRESS

DRIVEN

ELEGANT

ETIQUETTE

FAIRY

FAMOUS

FANCY

FLAIR

GIRLS

GOODWILL

GOWNS

JEWELS

LADY

LEADER

LINEAGE

MANNERS

MOAT

MONARCHY

POISE

PRETTY

PROPER

REGAL

RICH

ROYAL

RULE

SLIPPERS

STRONG

TIARA

WAND

WEDDING

```
M H R E P O R P M Y C N A F
B O Z M D E P U S O H W M L
E T N M D E O L L T A E R A
L O C A R R I A G E R T E I
L I E N R P S F F M M T T R
E L N N P C E F I T I E H T
A Q P E E L H F Z N N U G D
R S R R R A V C Y H A G Q U N
A S E S H G I L C G O I A A
I E T U C X E R N E O T D W
T R T O I I O O D L D E V E
R D Y M R W R S L E W E J D
O E T A N T D A D M I R E D
Y I G F S P C A S T L E E I
A G F A I R Y S S A L C M N
L A D Y L G O W N S L R I G
```

Solution on Page 279

ART

BACKSCATTER

BEAUTIFUL

BLUE

BOAT

CASE

CAVES

CHALLENGING

CLEAR

COLOR

CORAL REEFS

CURRENT

DEPTH

DIVERS

DOLPHINS

EEL

EQUIPMENT

EXPENSIVE

EXPOSURE

FISH

FLASH

GEAR

HOUSINGS

MARINE LIFE

NATURE

PHOTOGRAPHER

PICTURES

SEA

SHIPWRECKS

SNORKELING

SUNLIGHT

SWIMMING

TROPICAL

UNDERWATER

WHALES

WILDLIFE

```
F L A S H T H G I L N U S E
H T P E D P N R O L O C G V
B L G N I G N E L L A H C I
E A S E V A C H M S S L L S
F C C S E A Q P E P N H E N
I I O K R P R A E G I O A E
L P R C S I E R L M H U R P
D O A E N C T G U A P S Q X
L R L R O T A O F R L I G E
I T R W R U W T I I O N N R
W N E P K R R O T N D G I U
H A E I E E E H U E T S M S
A T F H L S D P A L R B M O
L U S S I W N U E I A O I P
E R V I N E U L B F Y A W X
S E O F G C U R R E N T S E
```

Solution on Page 279

ACTIVITIES	MEAL
ADVENTURE	NETWORK
AFFORDABLE	OVERNIGHT
BACKPACKERS	PLACES
BEDS	PRIVATE
BUDGET	ROOMS
BUNK	SECURE
CHEAP	SHARE
CLEAN	SOCIALIZE
COT	STORAGE
CULTURE	STUDY
DORMITORY	TEENAGERS
EXPERIENCE	TOUR
EXPLORE	TRAVEL
FOREIGN	TRIP
FRIENDS	VISIT
GROUP	WALK
HOMESICK	WORLDWIDE
HOTEL	
INN	
LANGUAGE	
LOUNGE	

```
B U N K Q F O R E I G N C U
E R S D N E I R F E R A H S
R O W F R U O T B U D G E T
U O E Z I L A I C O S U A O
C M X L P C U L T U R E P R
E S P X B R W P U O R G D A
S R E K C A P K C A B A O G
O A R I L A D V E N T U R E
N V I K T O C R L N R G M D
E B E D S I U E O I I N I I
T N N R Y P V N S F P A T W
W A C C N A L I G T F L O D
O E E P R I V A T E U A R L
R L E T O H G O C C F D Y R
K C I S E M O H M E A L Y O
S R E G A N E E T I S I V W
```

Solution on Page 279

ADIEU	NEW
BAMBOO	SCREW
BLEW	SHAMPOO
BLUE	SHAMU
BREW	SHOO
CANOE	SIOUX
CHEW	SKEW
CLUE	SLEW
CONSTRUE	SPEW
CUE	STREW
DREW	SUE
EWE	TATTOO
FEW	THROUGH
FLEW	THRU
FLU	TWO
FONDUE	VIEW
GLUE	WAHOO
GOO	WHO
GREW	
HUGH	
KAZOO	
KUNG FU	

```
F R F Y P V W I W D M U Z B
L E E N S J W E B E V K C K
U C T O V C P P K U F H E A
Z R H O W S A G L S W W E Z
H O H W C M E N I F E B K O
T O Y T A T T O O G R F F O
D H H J W P U N H E G L O E
T S I D H X D S W W L B O E
K H T H G U O R H T M B G U
L S C R E W G U M A H S F R
F S F L E W M H B W M G G T
N G L U E W O W E W N P O S
M A L E E A D I E U L B O N
M C W R W O V L K H N A H O
V U D E Y O B R V J C Y A C
C E N S I K D T U T Z H W V
```

Solution on Page 280

ADULT	MANHOOD
APPROPRIATE	MANNERS
CALM	OLD
CAREFUL	PATIENT
COMPLY	READY
CONSENT	RELIABLE
CONSIDER	RESPONSIBLE
CULTIVATED	RIPE
CULTURAL	SENSIBLE
DECADES	SENSITIVE
DEGREE	STEADY
DEPENDABLE	TIME
DEVELOPED	TRUSTWORTHY
DIPLOMA	
ELDERLY	
EMOTIONAL	
EMPATHETIC	
GROWN	
HONEST	
INDEPENDENT	
LEARNED	
LESSONS	

```
L A N O I T O M E M L A C Q
D P W C E J E A M O L P I D
O P O U P M P A T I E N T C
O R R L I E V I T I S N E S
H O G T R U S T W O R T H Y
N P C U L T I V A T E D T L
A R H R V L H T N C S R A R
M I S A E O L E A D P E P E
A A E L N U S R E R O D M D
N T N E D N E P E D N I E L
N E S A O F O L R O S S C E
E T I C U L I D G L I N O S
R I B L E A R N E D B O M S
S S L V B R E A D Y L C P O
L G E L B A D N E P E D L N
Y D E C A D E S T E A D Y S
```

Solution on Page 280

ACHE

AILMENT

ASPIRIN

BLOW

CHILLS

CONGESTION

CONTAGIOUS

COUGH

DROWSINESS

FATIGUE

FEVER

GERMS

HEATING PAD

HOME

ILLNESS

INFECTIOUS

ITCHY

JUICE

MEDICINE

MOM

NAP

PAIN

PHLEGM

PILLS

RECOVERY

REST

RUNNY NOSE

SLEEP

SNEEZE

SNIFFLE

SORE

SOUP

STUFFY

SYMPTOM

SYRUP

TEA

TIRED

TISSUE

VIRUS

WEAKNESS

Solution on Page

```
R E Q B P U O S E E M O H S
U R O R D R O W S I N E S S
N O S T U F F Y R P A I N E
N S L Q D E U G I T A F I N
Y U L J E U S S I T E F F K
N O I T S E G N O C E A F A
O I H N Y U G Y M V B E L E
S G C H F P M G E L H P E W
E A C R A E E R D B G S Z Y
T T S D E R C H I Q U N E D
I N S Y M C I T C R O I E M
M O E S M S O W I A C R N O
I C N M L P Y V N O I I S M
W O L B L E T R E T U P A N
P I L L S I E O U R T S E R
E C I U J A A P M P Y A O T
```

Solution on Page 280

BACKGROUND

BOSS

BUSINESS

CALL

CANDIDATE

CAREER

COMPANY

CONFIDENCE

CORPORATE

DEGREE

DESIRABLE

EAGER

EDUCATION

EMPLOYER

EXPERIENCE

FIRM

GOALS

HANDSHAKE

HEADHUNTER

HISTORY

INTRODUCE

LETTER

OFFER

POLITE

PORTFOLIO

PREPARE

RECOMMEND

RECRUITER

REFERENCES

SALARY

SCREENING

SINCERITY

TEAM

TOUR

```
R E F F O I L O F T R O P U
P E L B A R I S E D E M O L
R D G B O S S C T E F R L E
E U H A N D S H A K E I I T
P C S E E C E H R R R F T T
A A I M T O N I O T E D E E
R T N P A M I S P O N E X R
E I C L D P S T R U C P R E
C O E O I A U O O R E D Q C
R N R Y D N B R C R S I L O
U Y I E N Y G Y I W N Y L M
I R T R A K E E R G E D A M
T A Y T C O N F I D E N C E
E L E A E C U D O R T N I N
R A B R E T N U H D A E H D
M S C R E E N I N G O A L S
```

Solution on Page 280

ART DECO

ATLANTIC OCEAN

BRITISH

CUNARD LINE

DECKS

DINING ROOM

ENGLAND

EUROPEAN

EXPRESS

FLAGSHIP

FLEET

HAUNTED

HISTORY

HOTEL

LAUNCH

LIVERPOOL

LONG BEACH

LOUNGE

LUXURY

MUSEUM SHIP

NORMANDIE

NORTH ATLANTIC

OCEAN LINER

RESTAURANT

RETIRED

SAILING

SHIPS

SPEED

STATEROOMS

TRANSATLANTIC

TRAVEL

WATER

```
J E O F E I D N A M R O N L
S G N I L I A S U R C A A Y
S N S P E E D S E E E U R K
E U N N P E E S D C N U T L
R O O O R U T T O C X R S I
P L R I M A R C H U A F M V
X U T S U A I D L N L O O E
E E H R W T E D S A O C O R
R I A A N T N A G R N E R P
P N T A N A T S G D G A E O
T E L U L L H N E L B N T O
R T A G A I I C E I E L A L
A H N N P N K V I N A I T E
V E T S I S A D V E C N S T
B I I D B R I T I S H E O O
C U C Z T S H I S T O R Y H
```

Solution on Page 281

ADMIRE

APPEAL

ARTISTRY

ATTRACTION

BEAUTIFUL

CHARM

CLOTHES

COSMETICS

ELEGANCE

ENHANCE

EXQUISITE

EYES

FACE

FASHION

GLOW

GORGEOUS

GRACEFUL

HAIR

HANDSOME

IDEAL

INSPIRING

LIPS

MERIT

MODEL

NAILS

NATURAL

OUTWARD

PLEASANT

PRETTY

RADIANT

SKIN

SMILE

SPLENDOR

STRIKING

STUNNING

SUPERB

WINSOME

WONDERFUL

```
G R I V G N I N N U T S S E
L I P S P L E N D O R T K C
O A L I D E A L J V N R I A
W H A N D S O M E A M I N F
O D R A W T U O I G R K O G
N Q U I Q L E D O M A I I O
D T T N A S A E L P H N T R
E I A S E R I M D A C G C G
R R N P C Y R T S I T R A E
F E T I S I U Q X E F A R O
U M P R E T T Y P L A C T U
L U F I T U A E B I S E T S
I E C N A H N E M M H F A L
R D A G B R E P U S I U L I
A P P E A L S E H T O L C A
W I N S O M E Y E S N C F N
```

Solution on Page 281

ALARM CLOCK

BABY

BEDTIME

BLANKETS

BRAIN

CIRCADIAN RHYTHM

COMFORT

COVER

CRIB

DEEP

DREAMING

EIGHT HOURS

ENERGY

GROWTH

HAMMOCK

HIBERNATION

INSOMNIA

LIGHT

MAMMALS

MATTRESS

MEDICINE

NARCOLEPSY

NECESSARY

NIGHTMARES

NIGHTTIME

PATTERN

PILLOWS

REM SLEEP

REST

ROBE

SLEEP APNEA

SLEEP STAGES

SLEEPWALK

SLUMBER

```
B R A I N I G H T T I M E B
A M E D I C I N E R I H I I
B Y N R E T T A P W I T N R
Y S T E K N A L B B S Y S C
A P G A L R O B E L S H O K
E E R M I Y G R E N E R M L
N L O I G M N E E D R N N A
P O W N H A P C R E T A I W
A C T G T S E P E E T I A P
P R H I T S I G V P A D M E
E A O A S L K C O M M A H E
E N G A L A R M C L O C K L
L E R O N I G H T M A R E S
S Y W S R U O H T H G I E M
T S E R Y T R O F M O C O E
R E B M U L S L A M M A M R
```

Solution on Page 281

ANNIVERSARY

ANNUALLY

AUTUMN

BANQUET

BIRTHDAY

BONUS

CHRISTMAS

CONVENTION

DENTIST

EMMYS

EXAM

FEES

GOLDEN GLOBES

GRAMMYS

HALLOWEEN

INSPECTION

JULY FOURTH

LABOR DAY

MEMORIAL DAY

OSCARS

PARTY

PHYSICAL

PLANT

STANLEY CUP

SUMMER

TAXES

THANKSGIVING

TONY AWARDS

VACATION

VETERANS DAY

YEARLY

```
R G R A M M Y S R A C S O C
P H Y S I C A L P A R T Y O
Y A D H T R I B R G Y L R N
J L P U C Y E L N A T S A V
Y L L A U N N A D V E S S E
N O I T C E P S N I E Y R N
S W T E U Q N A B B I M E T
U E V A C A T I O N M M V I
M E M O R I A L D A Y E I O
M N F E E S G A U T U M N N
E Z T H A N K S G I V I N G
R E S O E C H R I S T M A S
V Y A D R O B A L T A X E S
J U L Y F O U R T H M A X E
T O N Y A W A R D S U N O B
G I H D E N T I S T N A L P
```

Solution on Page 281

ACQUIRE

ANIMALS

BEHAVIOR

BOOK

CHILD

CLASS

COLLEGE

CURVE

DECISION

EXAM

EXPERIENCE

FORMAL

FUN

KNOWLEDGE

LANGUAGE

LEARNING

MASTER

MATH

MEMORY

MOTIVATION

MULTIMEDIA

PHILOSOPHY

PRACTICE

REPETITION

RESEARCH

REWARD

RULES

SCHOOL

SCIENCE

SKILL

SMART

STIMULUS

STUDY

SUBJECTS

TEST

TRAIN

VISUAL

WORKSHOP

```
F D L I H C A Y S K I L L L F
U T P A Y H W O R K S H O P
N E H M U C R K O O B R R I
K S I U R S O A N I M A L S
N T L L E N I L V A C E S C
O U O T S M V V L T L S M H
W D S I E O A R I E A T S O
L Y O M A T H C W L G C D O
E X P E R I E N C E S E E L
D M H D C V B G S M C J R D
G A Y I H A T R A I N B I R
E X M A S T E R S U K U U A
R E P E T I T I O N G S Q W
C U R V E O O S C I E N C E
O L E A R N I N G M D T A R
R U L E S U L U M I T S E L
```

Solution on Page 282

AMPHIPODA

ANEMONE

BALANUS

BARNACLES

CHTHAMALUS

CLAM

CLIMATE CHANGE

COMPETITION

CONCHOLEPUS

COPEPOD

CRUSTACEANS

DIATOM

FOAM

GULLS

IMMERSION

KELP

LIMPET

LITTORINA

PLANKTON

POLYCHAETES

PREDATORS

ROCKY

SALINITY

SAND FLEAS

SEA URCHIN

SNAIL

SPRAY

SUBSTRATES

TIDE

TIGRIOPUS

WATER

WAVES

Between the Tides

```
J A S U B S T R A T E S Z B
C B A R N A C L E S N U H A
C O P E P O D D U A P P D L
L I M P E T A L E M A O F A
Y A R P S N A C S D P I K N
K E L P E M A A N I S R S U
C L I M A T E C H A N G E S
O C O H S L I P E T A I T L
R N T U F X M T D O I T E I
E H R D M A L C I M L B A T
C C N P R E D A T O R S H T
L A S U P E L O H C N O C O
S E A U R C H I N U Q Q Y R
G U L L S A L I N I T Y L I
R E T A W I M M E R S I O N
W A V E S N O T K N A L P A
```

Solution on Page 282

AARP

ADVISOR

ANNUITIES

ASSETS

BENEFITS

BILLS

BONDS

BUDGET

CAR

DEBTS

DOWNSIZE

EMPTY NEST

ESTATE

EXPENSES

FAMILY

GOAL

HEALTH

HOBBY

HOME

INCOME

INFLATION

INSURANCE

IRA

MARKET

MONEY

MORTGAGE

NEST EGG

PARTY

PENSION

PORTFOLIO

PRIORITIZE

RETURN

ROTH

ROYALTIES

SAVINGS

SENIOR

STOCKS

TAXES

TRAVEL

TRUST

```
R E T U R N H O B B Y F W H
M Y M Y I R A A R P V P A T
S F I E I N S U R A N C E O
K A N N U I T I E S Q R Z R
E M F O Q P O R T F O L I O
M I L M A R K E T Y R A S S
P L A R I S S S A E O O N I
T Y T T K S L L X G I G W V
Y Y I C A L T P E A N T O D
N Z O Y I I E U S G E B D A
E T N B E N E F I T S O M B
S S P S S L E V A R T N U D
T U P E N S I O N O E D E E
A R S G N I V A S M G S M B
T T A E I N C O M E G O M T
E H V C H E A L T H H S E S
```

Solution on Page 282

ANGELS

ANIMALS

ANNUAL

ART

BABY JESUS

COLORFUL

CONTACT

DISPLAY

DOVE

ENVELOPES

FAMILY

FRIENDS

GIFTS

GREETINGS

HOLIDAY

HOMEMADE

HUMOROUS

JOSEPH

LETTERS

LIST

LOVE

MONEY

NOEL

PERSONALIZED

PHOTOS

PICTURES

POST OFFICE

POSTAGE

REINDEER

RELATIVES

RELIGIOUS

SANTA CLAUS

STAMPS

STORY

TRADITIONAL

WISHES

```
Y P H O T O S U O R O M U H
A C O D T S U O I G I L E R
D D M Z R A S T A M P S A E
I I E N A N E E I T U N V I
L S M Z D G J W R A N O I N
O P A V I E Y N L U L T P D
H L D G T L B C A M T O A E
C A E E I S A L O R S C N E
O Y H O O T B N E T T W I R
N L P E N V E L O P E S M P
T E E A A Y A F T S I L A O
A T S D L T F S T O R Y L S
C T O O I I S W I S H E S T
T E J V C O L O R F U L P A
G R E E T I N G S T F I G G
F S D N E I R F A M I L Y E
```

Solution on Page 282

ANIMALS

BARKING

BEAGLES

BITE

BONES

BREEDS

CANINE

CHIHUAHUA

COAT

COLLIE

DOG FOOD

DOG SHOWS

FLEAS

FUR

GRAY WOLF

GREYHOUND

HAIR

HUNTING

JUMP

KENNEL

LARGE

MAMMAL

MEAN

MUTT

OBEDIENCE

PACKS

PARK

PAWS

PETS

POODLES

PUPPIES

RUN

SIT

SMALL

SNOUT

TAILS

TEETH

TERRIERS

TRAINING

VET

Delightful Dogs

```
E R C S T E P F B O N E S Q
H T H X W D L E G R A L W F
U T I S U O T I N T E E T H
N H H B W O H E S I C E A Q
T A U Y V F F S R A N F D H
I I A M J G N U G R E A K S
N R H U U O F T N O I L C O
G K U T U D A U I L D E F C
X R A T S O D N N L E M R J
R A E P C L B W I A B B M S
B P I Y U F I A A M O R E E
X A L P H P P A R S A L A L
G W L M E O P A T K G L N D
P S O U T B U I C A I U S O
S N C J L E N N E K R N S O
L A M M A M V B D S S L G P
```

Solution on Page 283

HAD	HIS
HALL	HOBBY
HAND	HOG
HANG	HOLIDAY
HARD	HOLLOW
HARNESS	HOME
HARSH	HOMONYMS
HAVE	HONOR
HAWK	HOSE
HAY	HOST
HAZE	HOUR
HEAD	HOUSE
HEALTH	HUDDLED
HEAP	HUNT
HEAVY	HURT
HEIGHT	HUT
HELMET	HYDROGEN
HELP	HYMN
HEM	
HID	
HIKE	
HILL	

```
F T N M Y H U R T T S L V S
I H E V O A V H U T S J M Y
L O V M S J R N Z O D E F F
L U A I L K S P X R H O S T
U S H Q H E A D U J A W M P
D E L D D U H O L I D A Y L
N F H K H H H E I G H T N L
A L P T W E O G D A N O O F
H E K P L A N H R D Y H M T
M Z Z L C A H N S N A A O E
E A A E H N E G O R D Y H W
S H K H H S A H D Y A K O R
O I N I S A V S U K B H L O
H V D L O W Y N P N E B L N
I O D L A R B J Z A T B O O
G L G A D L A X P J M Z W H
```

Solution on Page 283

ADJUST

ANTIQUE

BEVELED

BROKEN

CAMERAS

CHEVAL

CLEAN

CLOSET

COMPACT

CONCAVE

CONVEX

DECORATION

DISCO BALL

DISTORTION

FLAT

FRAMED

GLASS

HALLWAY

ILLUSION

IMAGE

LONG

MAGNIFICATION

MAKEUP

MAZES

METAL

OPTICAL

OVAL

PERSPECTIVE

REARVIEW

REFLECT

SAME

SIGNAL

SILVERED

SMUDGED

SNOW WHITE

SQUARE

VANITY

WALL

Mirror Mirror

```
G S E Z A M S O A D J U S T
F L A T E M P U E K A M N B
N V A N I T Y E V A C N O C
O O R S I R E A R V I E W L
I D I C S L A N G I S K W O
T E A T Y I Y A W L L A H S
R L T J A N O I S U L L I E
O E V I T C E P S R E P T T
T V L B N O I T A R O C E D
S E R A U Q S F R A M E D E
I B E L V A N T I Q U E G R
D L L B R O K E N N J I N E
C A D E G D U M S R G M O V
W E M A S D I S C O B A L L
L A V E H C O N V E X G M I
C O M P A C T C E L F E R S
```

Solution on Page 283

ADMISSION

AIR

BEAUTY

BIRDS

BREATHING

BROCHURES

CONCERTS

CONDIMENTS

CONTESTS

COUPON

DELIVERY

EXPERIENCE

FAMILY

FREEBIE

FRIENDS

GIFTS

GIVEAWAYS

HAPPINESS

HUGS

ICE

KISSES

LAUGHTER

LIBRARY

LOVE

NAPKINS

NATURE

PARKS

PEOPLE

PRIZE

SAMPLE

SHIPPING

SMILE

SPACE

SPIRIT

SUNSHINE

SWEEPSTAKES

THINKING

TIME

```
F B S N I K P A N K C Y S I
Y R A R B I L F E R U T A N
L O C C B I R D S S G U H G
I C E O E Z I R P X O A B N
M H M U N L A U G H T E R I
A U E P S D N E I R F B E K
F R I O N O I S S I M D A N
P E B N H S A M P L E A T I
A S E K A T S P E E W S H H
R T E X P E R I E N C E I T
K R R M P E O P L E T S N I
S E F G I V E A W A Y S G R
M C C O N T E S T S J I I I
I N A D E L I V E R Y K F P
L O V E S H I P P I N G T S
E C A P S U N S H I N E S B
```

Solution on Page 283

Answers

Finding Seashells

```
D G L A N D S N A I L S C T
M J S A N D D O L L A R S I
C S D O P O R T S A G Z N N
N A I U P U D E H S A W A I
P A L N E C A L K C E N I E
S R C C A N A E C O R A L T
N B O R I G L K T I D E S T
O R A T E U R S M A L C H E
I A S R E B M O C H C A E B
T C T T C C R X E H S T L R
C H L H F T T E C N H S L A
E I A I A I I T O I U S T
L O N R S V R M O S N R E E
L P E D H L X C R N Y C A U
O O Y B I V A L V E S O H M
C D D S D O P O L A H P E C
```

Ceremonial

```
D A I L Y N O M E R E C L C
E V S C O M M U N I O N A H
B A T U C I S U M N D N N I
O L N P P E A E F G D C O S
R U A H N E C I R L E A S T
N E H A S L R I E U T J R O
R O C B Y M A S F H T A E R
O E I I A B M R T I D S P Y
U C P T T G E E U I R O E K
T I I E A E N H T T T C O G
I O Z S T N T I A A L I A F
N H J T I I O W D V V U O S
E C L U B N T R I D I I C N
G R A D U A T I O N E O R T
F A M I L I A L V C E W R P
K N I R D F R A T E R N A L
```

Moneymaking

```
S Y G E T A R T S W G S P F
S G N I N R A E O N E A P O
E A I K A E C R I L Y O Y R
C I T V D F K M B R T T E T
C N E A N F O A E E I B N U
U B K L U O K E N N R E O N
S S R U B N R T U T E N M E
G S A A A A I T N R P E C L
N E M B C A R E C I S F I U
I N J L L O M I D C O I P F
V I O E P T E E S H R C I T
A S B P S R A I S E P I T L
S U O E G A T N A V D A A E
E B V O F R U I T F U L L H
M N O I T I S O P R O F I T
I D G N I V I R H T L A E W
```

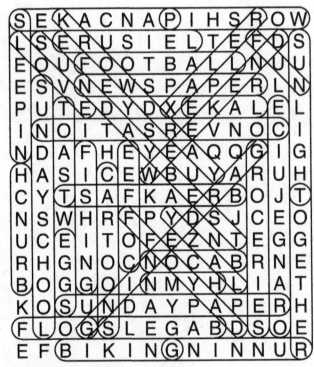

Sunday Morning

```
S E K A C N A P I H S R O W
L S E R U S I E L T E F D S
E O U F O O T B A L L N U U
E S V N E W S P A P E R L N
P U T E D Y D X E K A L E L
I N O I T A S R E V N O C I
N D A F H E Y E A Q Q G I G
H A S I C E W B U Y A R U H
C Y T S A F K A E R B O J T
N S W H R F P Y D S J C E O
U C E I T O F E Z N T E G G
R H G N O C N O C A B R N E
B O G G O I N M Y H L I A T
K O S U N D A Y P A P E R H
F L O G S L E G A B D S O E
E F B I K I N G N I N N U R
```

254

Having a Ball

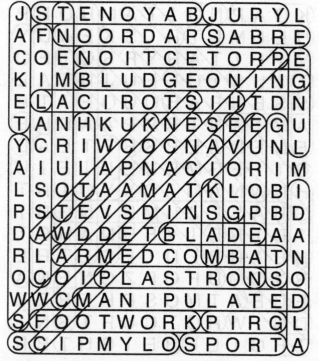

```
S R J S L A U G H T E R W B
S T H G I N R O T T E L A V
R E N N I D D A I P P N L D
I K N I R D N Q P E D N T O
A L A R U G U A N I O O Z O
P S A T O E D S D N E I R F
S O L S T T E Q J O C S O E
P C L T W M L U M I N N O T
O I E I B X R I A L A A L A
D A R L G O W N S L D M F D
E L E G A N T T K I T Y K S
X W D O R C H E S T R A O P
U I N V I T A T I O N P E O
T C I S U M G R A C E F U L
M Y C N A F Y Y T R A P R K
V C H C N U P I A N O G Q A
```

Chairlifts

```
K W I R E W O T E K C I T R
T R A N S P O R T V G Y O E
E H A F J U R E S O R T C T
R I U P R O G Y B K A I M N
M G N I T A L U C R I C C I
I H S O L N I Z E A L A S W
N T M O S L E P X M B P A O
A C O B W E O M O L M A F L
L P I H I L L U E M X C E S
Z A E R E G N E S S A P T I
P E I T T T E T V C U L Y T
L G W R A C E A A A M B M
E D O I E E E X R I T R A S
H O N A L A S L H B L E R E
V L S H T N E M E V O M D Y
F H P C E D I R O P E X G V
```

Fencing Competition

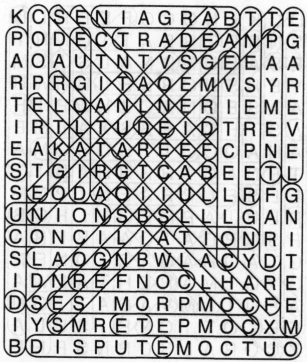

```
J S T E N O Y A B J U R Y L
A F N O O R D A P S A B R E
C O E N O I T C E T O R P E
K I M B L U D G E O N I N G
E L A C I R O T S I H T D N
T A N H K U K N E S E E G U
Y C R I W C O C N A V U N L
A I U L A P N A C I O R I M
L S O T A A M A T K L O B I
P S T E V S D I N S G P B D
D A W D D E T B L A D E A A
R L A R M E D C O M B A T N
O C O I P L A S T R O N S O
W W C M A N I P U L A T E D
S F O O T W O R K P I R G L
S C I P M Y L O S P O R T A
```

Negotiations

```
K C S E N I A G R A B T T E
P O D E C T R A D E A N P A
A O A U T N T V S G E E G
R P R G I T A O E M V S A A R
T E L O A N I N E R I E M E
I R T L T U D E I D T R Y V
E A K A T A R E E F C P E E
S T G I R G T C A B E R T L
S E O D A O I U L L R F G N
U N I O N S B S L L G A I
C O N C I L I A T I O N R T
S L A O G N B W L A C Y D E
I D N R E F N O C L H A R E
D S E S I M O R P M O C F E
I Y S M R E T E P M O C X M
B D I S P U T E M O C T U O
```

Often Blue

```
D S E H T O L C T B N L P F
L L D C R A Y O N L E S K L
Y V A N A E C O Y U U B B A
T L P O O L A K E E T L O G
Q Y A J S P S I D B U U O H
H O L M A R K E R E P E K S
S U F M E S M B L L J N H
I R A I R H G O R L E A L I
F R A P O E N N R O E Y M R
R V Y E P N T S A J F O E T
E E S N E H D T A R O I C G
T L W T C R I E U D D F N P
A V H O I Y R R E B N Y V U
W E A B L A N K E T R E H R
D T L Q S F V N P A N T S L
V D E C L Q Q I C S K C O S
```

Often Blue

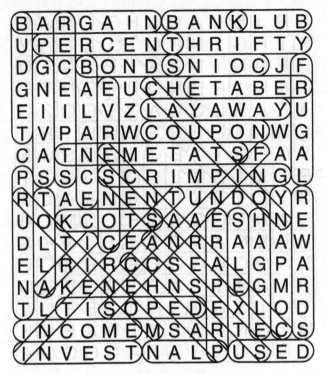

Money Management

```
B A R G A I N B A N K L U B
U P E R C E N T H R I F T Y
D G C B O N D S N I O C J F
G N E A E U C H E T A B E R
E I L V Z L A Y A W A Y U
T V P A R W C O U P O N W G
C A T N E M E T A T S F A A
P S S C S C R I M P I N G L
R T A E N E N T U N D O Y R
U O K C O T S A A E S H N E
D L T I C E A N R R A A A W
E L R I R C C S E A L G P A
N A K E N E H N S P E G M R
T L T I S O P E D E X L O D
I N C O M E M S A R T E C S
I N V E S T N A L P U S E D
```

Money Management

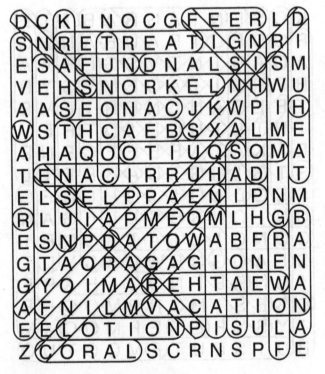

Tropical Escape

```
D C K L N O C G F E E R L D
S N R E T R E A T I G N R I
E S A F U N D N A L S I S M
V E H S N O R K E L N H W U
A A S E O N A C J K W P I H
W S T H C A E B S X A L M E
A H A Q O O T I U Q S O M A
T E N A C I R R U H A D I T
E L S E L P P A E N I P N M
R L U I A P M E O M L H G B
E S N P D A T O W A B F R A
G T A O R A G A G I O N E N
G Y O I M A R E H T A E W A
A F N I L M V A C A T I O N
E E L O T I O N P I S U L A
Z C O R A L S C R N S P F E
```

Tropical Escape

Skydiving

```
K C A P N O I T A M R O F P
H E L M E T R I S K E W D Y
M I L I T A R Y R S C T E O
T I U S I C L E U J R F A L
S S E N R A H O U O E I T P
A M I A N T R M P A A R H E
F N F D A E P S R F T E A D
G T I E G M E U E L I F I U
H N W N A M I Q X Y O I R T
G B A S E J U M P I N G B I
I D T R D I V E R N A H O T
H E T R P E D I L G L T R L
R X O M D R O P Z O N E N A
E C E A T M O S P H E R E U
D N I W R O T C U R T S N I
T H G I L F H E I G H T B R
```

Skydiving

256

All Adjectives

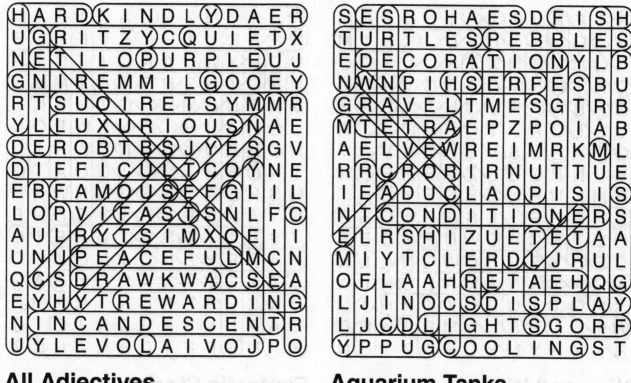

```
H A R D K I N D L Y D A E R
U G R I T Z Y C Q U I E T X
N E T I L O P U R P L E U J
G N I R E M M I L G O O E Y
R T S U O I R E T S Y M M R
Y L L U X U R I O U S N A E
D E R O B T B S J Y E S G V
D I F F I C U L T C O Y N E
E B F A M O U S E F G L I L
L O P V I F A S T S N L F C
A U L R Y T S I M X O E I I
U N U P E A C E F U L M C N
Q C S D R A W K W A C S E A
E Y H Y T R E W A R D I N G
N I N C A N D E S C E N T R
U Y L E V O L A I V O J P O
```

Aquarium Tanks

```
S E S R O H A E S D F I S H
T U R T L E S P E B B L E S
E D E C O R A T I O N Y L B
N W N P I H S E R F E S B U
G R A V E L T M E S G T R B
M T E T R A E P Z P O I A B
A E L V E W R E I M R K M L
R R C R O R I R N U T T U E
I E A D U C L A O P I S I S
N T C O N D I T I O N E R S
E L R S H I Z U E T E T A A
M I Y T C L E R D L J R U L
O F L A A H R E T A E H Q G
L J I N O C S D I S P L A Y
L J C D L I G H T S G O R F
Y P P U G C O O L I N G S T
```

Run Some Errands

```
G S C H E D U L E H C N U L
N A H D M E E T I N G S C E
I R A C O D D R I V I N G V
K N U G S M E A B I L L S A
R A F A E U E N E M I T P D
A I F S X F P S T S J P P E
P R E S C R I P T I O N S L
H A U T U G R O L I S Q N I
A N R A R R T R N I C T R V
R I I T S O B T U U E I U E
M R N I I C M A L L R S T R
A E G O O E E T N U A J E Y
C T I N N R P I C K U P R P
Y E F T O I D O C T O R D O
O V T T X E S N A C K S V H
S Y S U E S A H C R U P D S
```

Oratory

```
S E T O N R E H E A R S E O
P T M S T A L K Y T O P I C
R D R S D G E S T U R E S E
E H O U I K L M I H U E P R
P C F C C B O E R E M C L A
A R N S T T Q M B T O H A M
R U I I P U O E A T P T O E
E H L D O I E R L B I O F N
D C G A N N N I E E V L O I
A I N L I T C Z C D A I R A
U R I E T R E E G A T T M L
S O T C I O E A V U E I C I
R E T C D I T C E E C H G H
E E E U K U U O A H N S A T
P H M R E C L A C M Q T T T
H R E E T E S U A L P P A S
```

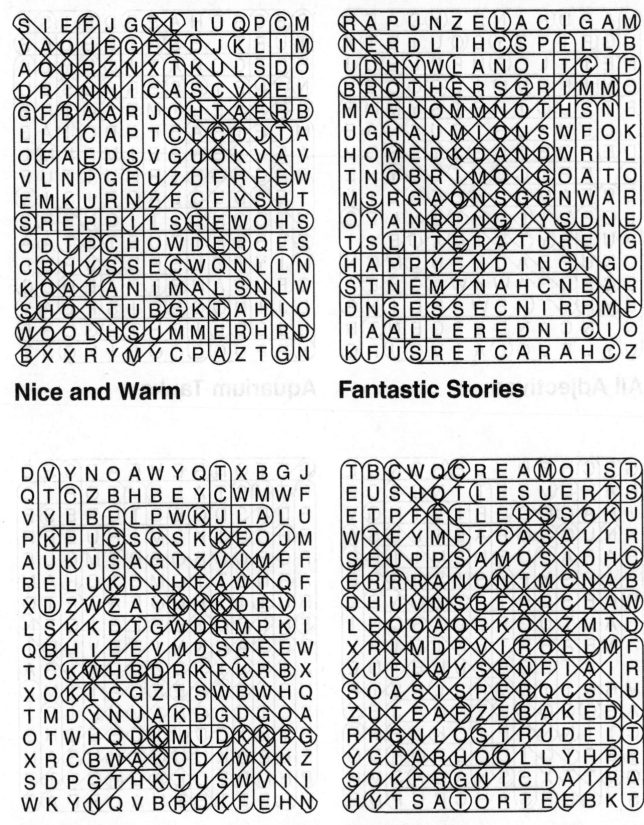

Nice and Warm

Fantastic Stories

TV Stations

Pastry Chef

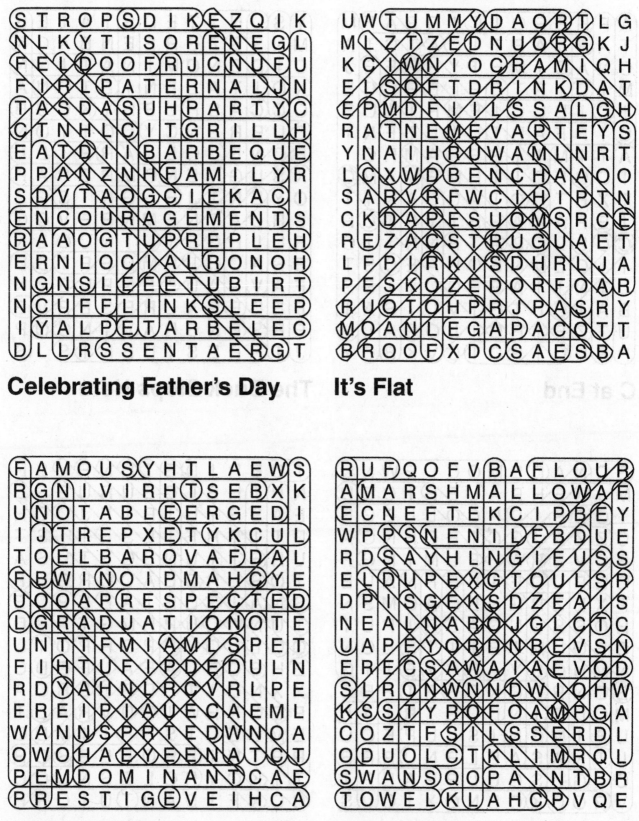

Celebrating Father's Day

It's Flat

Accomplished

Often White

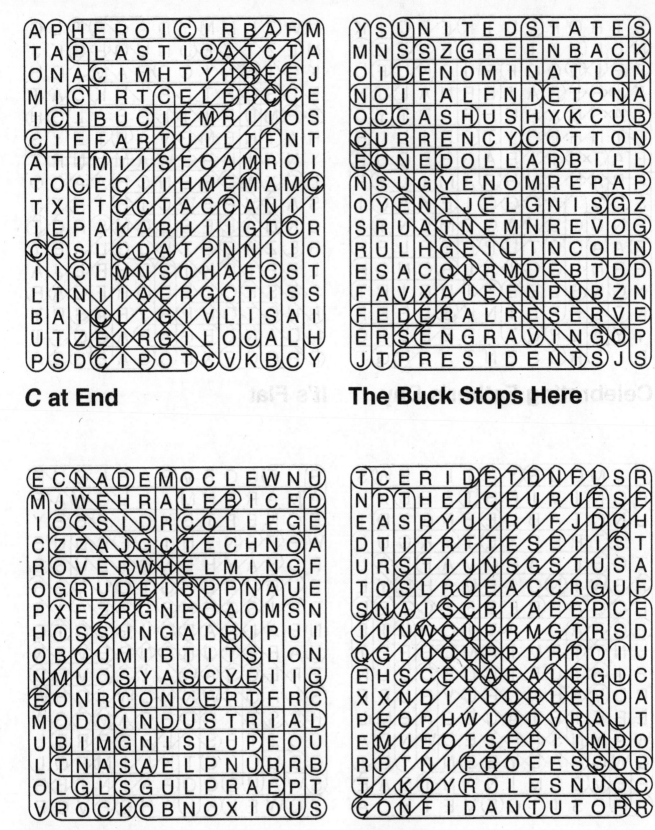

C at End

The Buck Stops Here

Noisy Music

Guides

Costly

```
Y A T E M E R A L D S S D W
R H U B N P R O P E R T Y I
U O I T G G J E W E L R Y N
X M T H O P A A T H O U S E
U E I C L M T P S B C F C E
L S O A D C O E M O E A W A
G L N Y H C U B M A I D E R
A E B E I Q P P I K H S D R
S T S L I E U N C L L C D I
C O E T A T S E L A E R I N
O H N R E U N S T E A K N G
L A L R R P A I N T I N G S
L S A A V M P L A T I N U M
E C N O I S N A M O M I L E
G C D N O M A I D F U R S G
E X K H S I L V E R O L E X
```

Water Balloon Fight

```
S W T S U B U R S T C K L Q
E V L D J F F U D E A I M L
R M D I O T R I G E S D F H
M T A K H P L I R B R A S W
E T E G R A T B E E O A H T
P E I I T P B S N N O M Z C
P F S E H C N U A L D E B N
A E X X G O P M D I T L L K
F Q J J Z Z T M E Q U T Y T
H X Z Z H T H E T U O T C R
S L L I F P R R I I Y A E T
T E D P S H O S E D T B K L
T B L O Q U W P D C R N O P
O A A R N H J T H Y A B J A
Y K W D A U E C X R P S J D
U Q C F D W F W P S W K F C
```

Helping Out

```
P D E T Y R A R B I L K G H
R A R D I X C E E D L N C C
O T R I I M L T N A I A K C
T U A K V S E S E Y O G I Y
N T N F S I A I F C R S N T
E O D G O P N S I A P E D I
M R S O Z O I G T R L R N R
D I W O S T D I B E E V E A
E N S D A L F B C W R E S H
T G F S O Y Y T A E T S S C
O N N C I O I R T N S E R M
V I A N U O D A U E K H O U
E L G T N I N L P R I T I E
D L H S N O O S L G L O N S
F A W G D V B Q E Y L L E U
A C I T I Z E N H H S C S M
```

Keepsakes

```
Y Y B A D G E R U H C O R B
M P R I V R E M E M B E R C
H A T L C R A F T S N Y K L
P M R U E J A C K E T O O O
Z E U G A W X P P L O F G T
P C T G O T E O A B O I E H
L U N A S R R J C A F L N I
L P A G L E P A M T E N E N
E S D E T P C F V C I B C G
H S N T J M I U A E O S K H
S A E A A N B R T L L D L S
P L P G G A B S G L O O A H
M G N E G U T W U O E C C I
A E R S P O O N F C N R E R
T I E W E N I R U G I F Y T
S T U B S O M R E H T R I P
```

Aurora Borealis

Notable People

Visit the YMCA

Around San Francisco

262

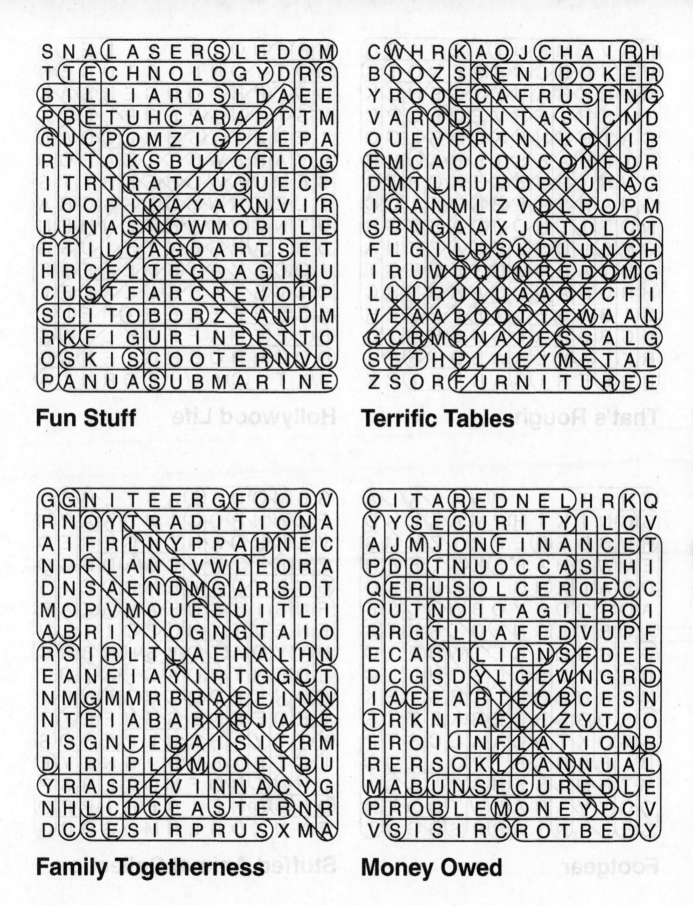

Fun Stuff

Terrific Tables

Family Togetherness

Money Owed

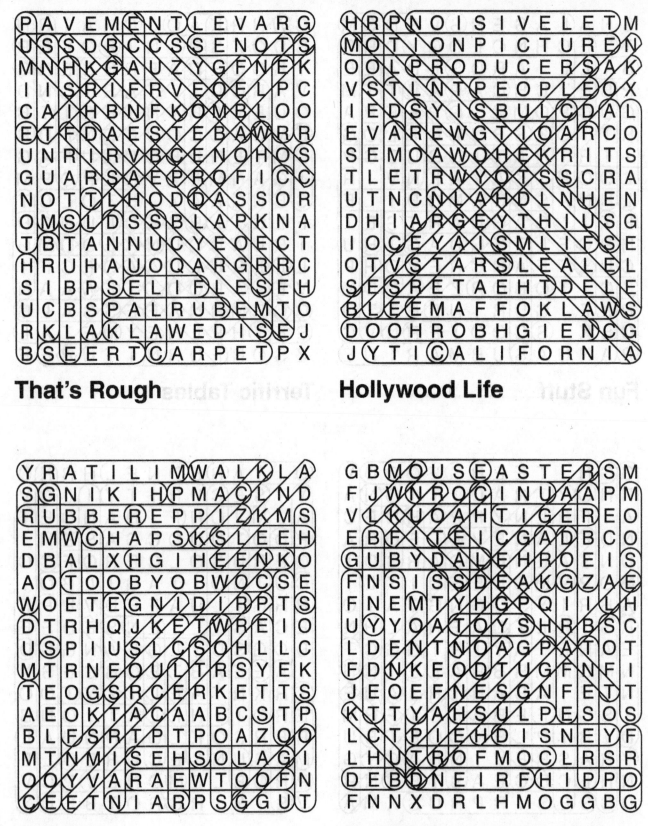

That's Rough

Hollywood Life

Footgear

Stuffed Animal Collection

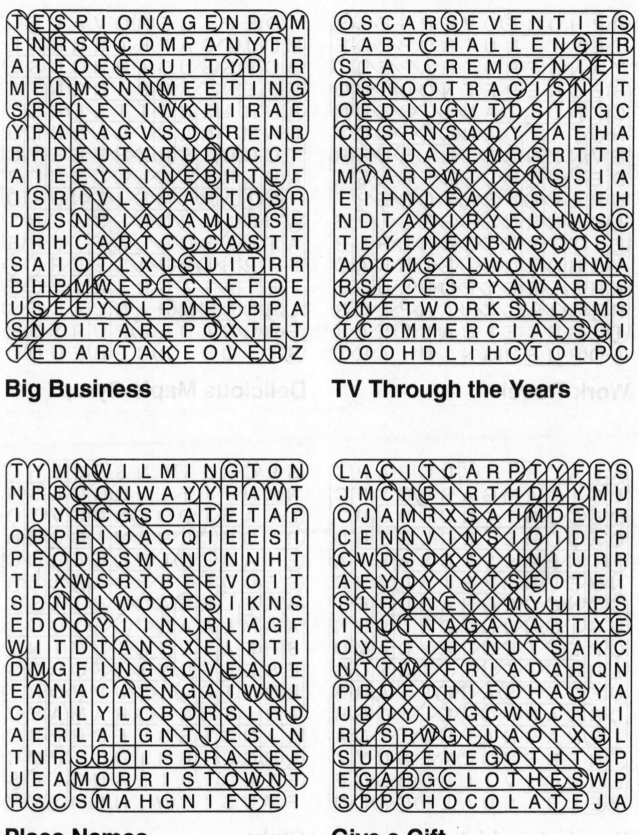

Big Business

TV Through the Years

Place Names

Give a Gift

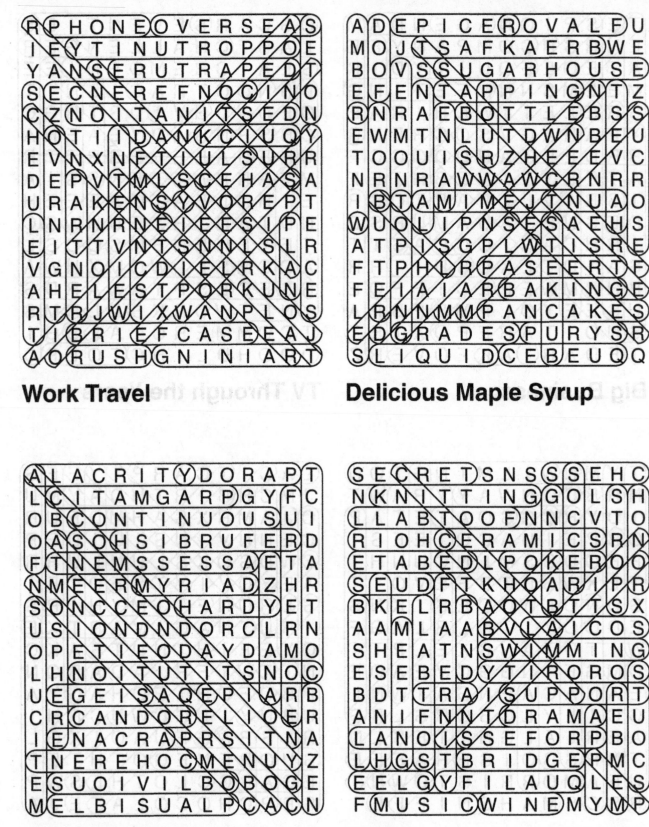

Work Travel

Delicious Maple Syrup

Vocabulary List

Clubs

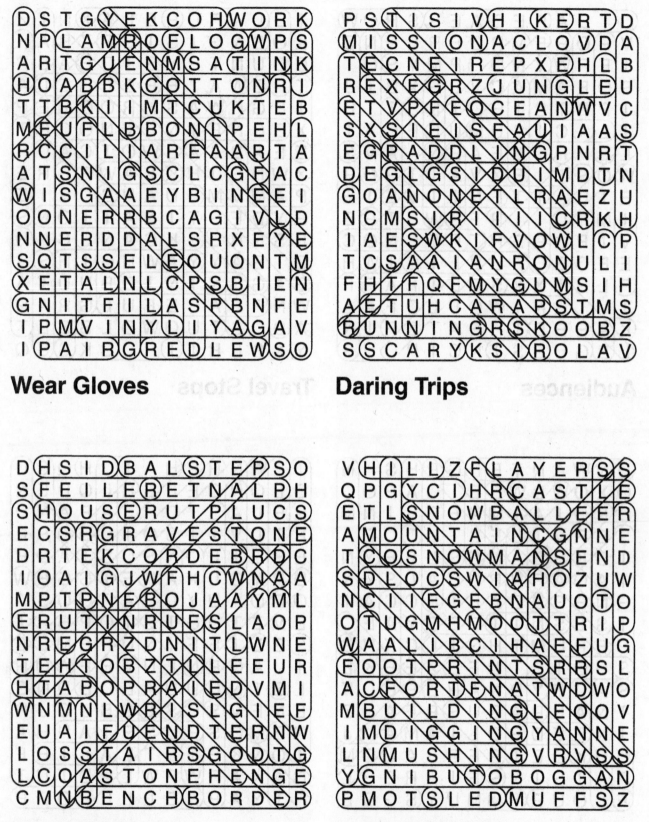

Wear Gloves

Daring Trips

Using Stone

Snow Much Fun

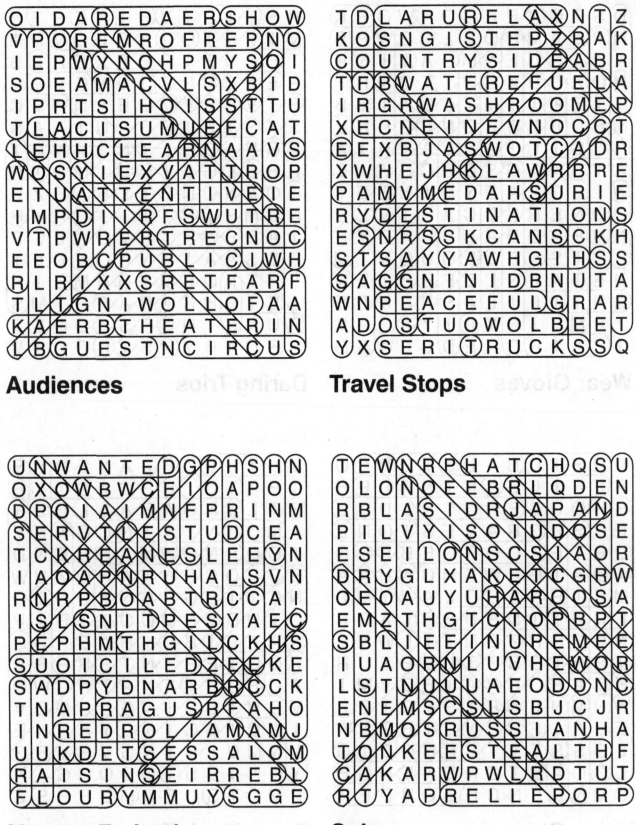

Audiences

Travel Stops

Yummy Fruitcakes

Subs

```
H E V P R A T E S N U S N S
M C A M P E R R W E F D D H
A M C T C S G U B G R N G I
O O A D V E N T U R E E H K
A O T R A N U A F I S K O E
M N I E S K A N R L H E S E
I L O L R H B F C L A E T F
W I N A J R M O E E I W S D
S G P X U O O A V C R N T O
G H S S A L E R L F A H O O
O T T Y E E E R Y L I B R F
L I A R T S B K O L O R I U
C U S S E N R E D L I W E N
S E E R T U S L E E P M S I
S O N G S O M R E H T X A Z
F I S H Y C S U N R I S E F
```

At the Campground

```
I L Q S L U S H Z T E W K G
C H S E N A L I Q S C L T R
U R Y S T R A C T I O N I E
R S A K I F U E R M N O R A
V F U S S C W B R I D G E S
E F R O H I N J U R I E S E
S V S A R W R T R E T A W N
O E I U I E W A R N I N G S
T N G S O N G O F R O Z E N
S V C U N D S N L T N S A O
A D F O V E R P A S S E S W
O D R L N D F A E D K K P W
C A O I S T R E Z E I A H J
C E S R V L R L D A D R A W
X U T E O E I O I G H B L I
J K Y P P M R P L O W S T T
```

Drive Carefully

```
S S E L E M I T S H I P T L
T N A E C O F L O W E R S E
U R E M O T E W A R M O I W
N Y G O R G E O U S F S R O
O A H C A E B N H S A P U T
C W C L O U D N I N E O M
O A E Y R D T E O L T R T L
C T R L E D D R Q B A O E A
H E F E E E N L H S S U I C
D G E V F X D A U P Y S U W
N M C O A R R N L F A R Q A
A E T L Q M E D P Y Y L X V
L E K R O N S E A E R O M E
S V G N I S A E L P A I J S
I O I C O H N O I T A C A V
A C I L L Y D I D E A L E F
```

Utopia

```
Z R P A Z S Y B Q S Y T B E
O E E E T R U O F E L H N N
P W R T O A Q O F V P G M O
Q O C M S X D K I E I I T L
D P E A E I N K V N T E N A
K M N T S S G E E M L A A T
I D T H E S R E B M U N T O
E F D P H S R P R D M S N T
Q N L A T I C E T H C N U P
G U O R N X A R Y S S A O P
S D O G E E L T P F O A C G
O I H B R A C K E T S L C E
Y V C T A L U M R O F G A E
Z I S W P S L A M I C E D R
Z D C O M P U T E N I N X H
D E R A U Q S E R U G I F T
```

Calculator

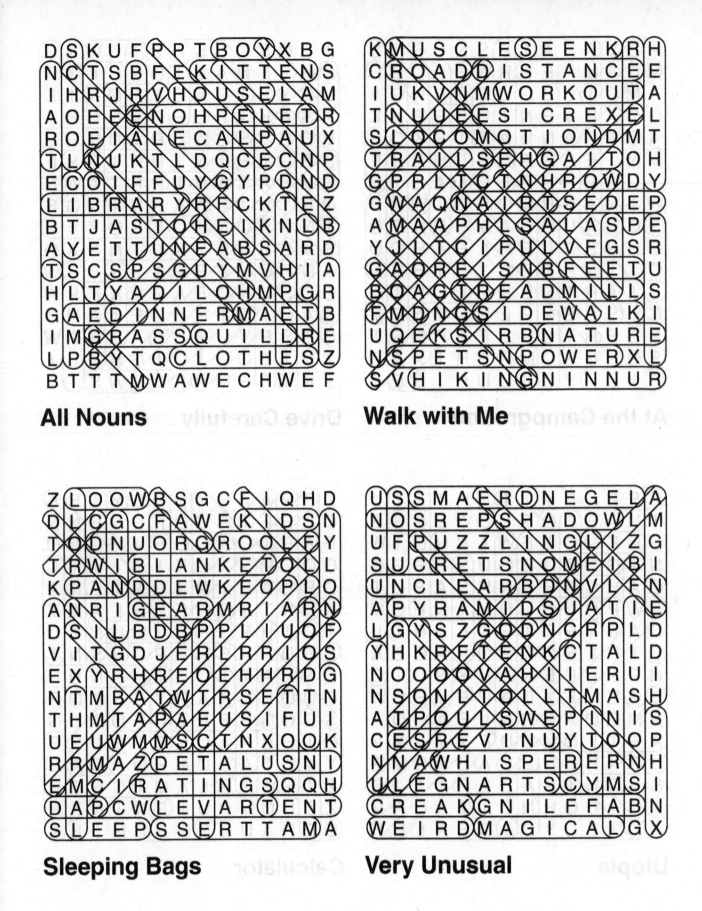

All Nouns

Walk with Me

Sleeping Bags

Very Unusual

E Words

```
E T G T T E S I C R E X E L
S E S E R N X U E L D E R G
T E L I X O A P O R P N I Y
A R N E X H P H R M V C P G
T R O T G E I X P E R L M R
E E L F R A D B E E S O E E
S T Y T F A N E I L L S N N
E N A B L E N T I T L E D E
X E S C A P E C R T G D A L
O D S S N T E E E N P G S P
T O E N R M M N A O E M S M
I L O E E O E H D R L C E A
C P P R T E C O N O M Y C X
L X G I X X W D E T I C X E
E E O U E N G L I S H D E G
D N E V E E X P E C T G K G
```

E Words

Our Feet

```
Q A B Q E J Y R I A H G Y R
A D U U C K U B U R E I S H
W X C W N T K M K C I K B P
Z E S I A I P N P H I G O B
E E T S D N O O S N I E V A
G S R S L A D N A S S L F L
H M A C N I R E S T R O L L
E E W C A O G L R O E H A I
I L E T C L N A Z O K C T A
E L R L N O L B M F A T D I
W Y P E D I C U R E E E I N
B V T N S N O J S R N R F A
T O E S E S S J K O S T P P
U T B O O T S Z C F S S A W
K E Z R H E C H O O F W T S
A H T E S P O R S Y S R A Z
```

Our Feet

Playing Football

```
J P M Y T L A N E P E F W L
A U D I B L E L D D U H H I
H G N I K C O L B M F A E N
D L E I F K C A B R L S L E
L U T E S C S L U F N E M M
E M H N S A E T T E G N E E
I P G O E B O I F A L I T N
F I I B N R M E M I L R U P
D R T H T E D M N K A E I R
I E S I T I E C R B D I H I
M V A I F R B I Y C T I S N
O I C W A K C A S O S D I G
T E K S C U R E D Z O N E G
I C L K O Q E E R E F E R H
O E E M I T R E V O N R U T
N R E N R U T E R P E E W S
```

Playing Football

Unwind

```
R S C A G O Y L D I V E R T
S E M A G N I I K S A N E Y
U R C A M P I N G A U H N X
N E F L A A S H B I K I N G
N N O R I G S P S L W K I S
Y I K F E N S S A I Z I D L
L T T G X I E C A N F N N E
O Y G N E T N R Q G E G X E
O M N I R A M O V I E X S P
P N I T C O L O R I N G S I
B R T S I L A F Y O J N E N
O O T E S F C R U I S I N G
O F I R E S I D E M U S I C
K M N D E H T O O S C O Z Y
X O K A E R B R E T R E A T
H C A E B P E A C E F U L H
```

Unwind

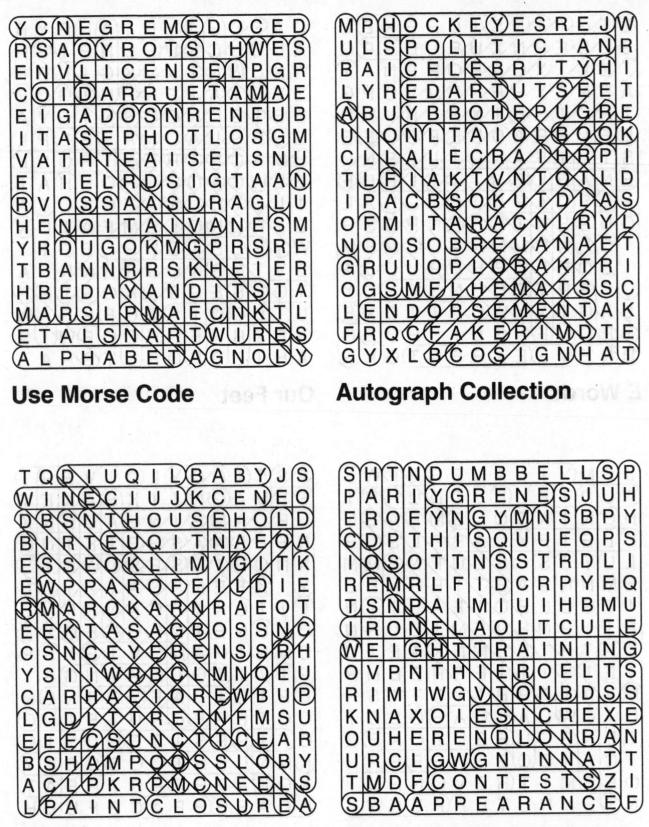

Use Morse Code

Autograph Collection

Bottled

Bodybuilding Competition

Famous Parades

```
G N I C N A D S G N Y C Y P
N O V E M B E R F N C H A O
C R O W D S P E U B O I D I
S S U A L C A T N A S L G N
A N N U A L R C S L T D N I
M A N H A T T A N L U R I E
T H E L I U M R O O M E V I
S N W O L C E A O O E N L E
I M A C Y S N H P N S S G B
R Y E K R U T C Y S H T S R
H E R A L D S Q U A R E K A
C E N T E R T A I N M E N T
E C N A M R O F R E P R A I
P A R A D E R O U T E T H O
J I S E T T E K C O R S T N
S D N A B G N I H C R A M X
```

Notebook

```
H P A R G K P O C K E T S H
R L K R O W E M O H S P G T A
E E A C S O M E M G O A N A
F G D N L A R I P S O P I M
E A L U R A D O O D L E S D
R L R A C U S F S R K R U I
P K L S A O S I O O F M A A
S A O O O S T J T C O V E R
B D Y R O O I I I E B H T Y
I L D S G B H G O R H S H A
N L U C N A P C N N C I O S
D S T I I W N A S M T L U G E
E A S E W E T I R W E G H T
R E N N A L P U Z C K N H O
Z D S C R I B B L E S E T N
L I N E D Z L E T T E R S N
```

It's Growing

```
E V I N E R D L I H C U P L
O B A L L O O N W S Y S E T
W F G C B U C D I P T E R S
Z R S B A B I E S I C E A T
R U M S T T W B D H E D G E
K I T T E N E T O S S S L P
Y T A B G N P R M N N D D U
F F K H E I I O P O I U E P
W A L D V R S P I I J C E P
E W M O N S R T P T L K W Y
T N I I W E C Y A A S L E M
K N O W L E D G E L H I A D
Y W A P L I R R K E R N L R
X M O L D A E A A R U G T A
A E O D P B U S H G B C H E
P C H E R B W S R S D R I B
```

Hang Gliding Adventure

```
Y S T R O P S R I A B J G C
E S A E X T R E M E R U L L
M E E D U T I T L A E M I I
U N R S D U D E B K E P D F
A R O W A L G M J I Z I N F
E A B I N I E O T T E N I M
R H A N G G L I D E R G G O
O B T D E Z I R O T O M N U
D A I C R T F A R C R I A N
Y L C U T Y T V F L I G H T
N L S R E D I L G A R A P A
A A I R F R A M E N A L P I
M S Z E X P E R I E N C E N
I T U N P O W E R E D Y K S
C O N T R O L F R A M E F W
S L A M R E H T F A R D P U
```

Design Work

```
S E M A G I N V E N T O R J
L S F R A G R A N C E Y S E
R R P E R F U M E T R E T E
E O J A C K E T S T U E E N
N I F A B R I C S Q T N S S
N R T S K H O U I L I G F C
A E P A C S D N A L N I A I
L T R R T N U I I I R N S H
P N A U I O R P G G U E H P
A I M W T E R A N M F E I A
I E E H T P K I R C J R O R
N B O A D C L I G H T I N G
T M M N A E M U S I C I A N
E I U P B A G S C E N E R Y
R O T A E R C V I S U A L I
S C L U T C H S E H T O L C
```

Bulletin Board

```
B O N O I T A R B E L E C C
M M B U S I N E S S H E L A
H E L P W A N T E D Q R A L
E M S O K R O W T R A U S E
L D A S O S U P M A C H S N
P R E E A H N X M X N C R D
L A T L P G C B T U I O O A
I O D R A C E S M Y P R O R
N B N V P S M B T P M B M E
E K G G E A E I O I F F M M
I R I T R R N G T A O G A I
T O S K S U T O A U R P T N
E C E R M O R I N R S D E D
M R D M Z Y L D S N A L P E
S F O R H I R E F E L G I R
H C R E A T I V E E E R F B
```

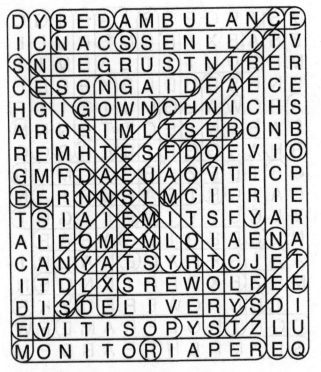

In the Hospital

```
D Y B E D A M B U L A N C E
I C N A C S S E N L L I T V
S N O E G R U S T N T R E R
C E S O N G A I D E A E C E
H G I G O W N C H N I C H S
A R Q R I M L T S E R O V B
R E M H T E S F D O E V I O
G M F D A E U A O V T E R P
E E R N N S L M C I E R Y E
T S I A I E M I T S F Y A R
A L E O M E M L O I A E N A
C A N Y A T S Y R T C J E T
I T D L X S R E W O L F E E
D I S D E L I V E R Y S D I
E V I T I S O P Y S T Z L U
M O N I T O R I A P E R E Q
```

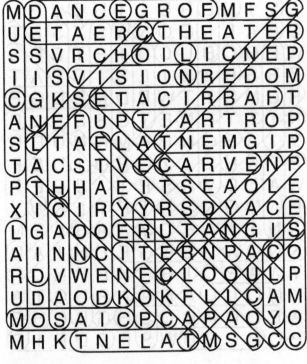

Being Creative

```
M D A N C E G R O F M F S G
U E T A E R C T H E A T E R
S S V R C H O I L I C N E P
I I S V I S I O N R E D O M
C G K S E T A C I R B A F T
A N E F U P T I A R T R O P
S L T A E L A T N E M G I P
T A C S T V E C A R V E N P
P T H H A E I T S E A O L E
X L I C I R Y Y R S D Y A C
L A G A O O E R U T A N G I S
A I N N C I T E R N P A C O
R D V W E N E C L O O U L P
U D A O D K O K F L L C A M
M O S A I C P C A P A O Y O
M H K T N E L A T M S G C C
```

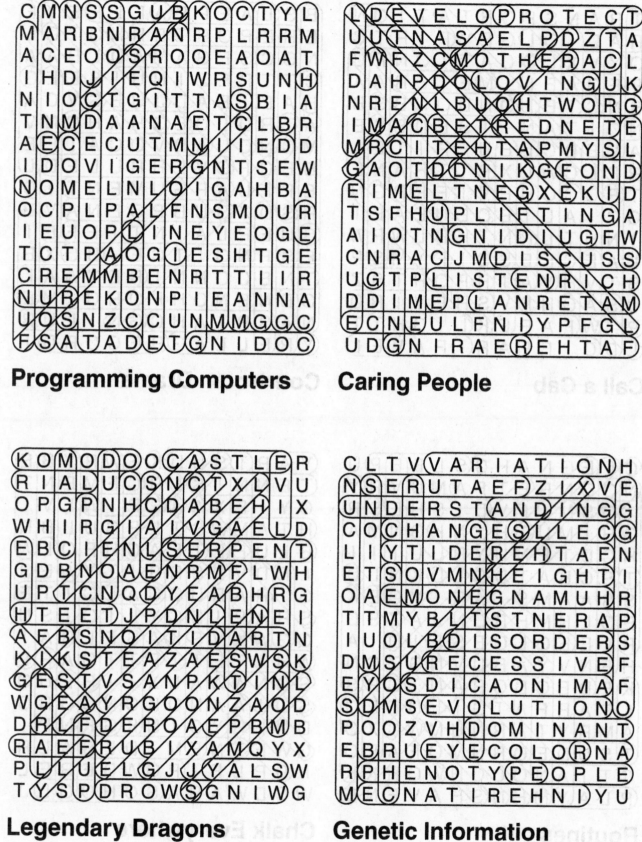

Programming Computers

Caring People

Legendary Dragons

Genetic Information

Call a Cab

```
T R A N S P O R T A T I O N
R A D I O L G E V P I R T C
O Y V X L O C A T I O N P C
P E G A E L I M E T E R A A
S N C T B L O N D O N B S B
N O I T A N I T S E D E S B
A M E B C L E U F R I T E I
R P L C W L X P I T R A N E
T E C C O H P V I E P R G N
C C I A L I E C E U E A E I
I N H T L L R N T K D L W R W
B A T E C E E S C I F Y M S P
U T V H Y A I R P O R T S Z
S A G H P V S R E V I R D
P I W F A R E K L I G H T T
L D C I F F A R T R A V E L
```

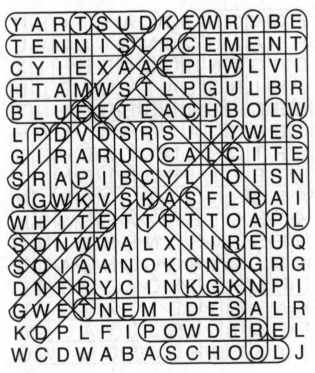

Courtroom Drama

```
B S L A E P P A E L P E Y F
E R E P O R T E R H G T O L
N O C S E G A M A D L B A A
C T T P E Z I N U I S E E G
H A E I E A D J U E S V C A V E
A T R D L C E G R A H C N
M C N C U A D V O C A T E E
B E C F O V E R R U L E D L
E P F U A R G U M E N T I D
R S D X S U B P O E N A B
S U E P L A I N T I F F E I
E S F N O I T C E J B O X B
T N E C O N N I R E Y W A L
O B N E N O H P O R C I M E
N A S R I A H C G N I L U R
Y R E L L A G R E C O R D I
```

Routines

```
C L E G N A H C S L E E P U
N O O N R E T F A M U V R Y
I O S M I F V D I S H E S R
G H I M U T H I N K G N M A
H C D T E N U Y R U U I I I
T S C B A T D O L D K N L D
S S A A M S I A R I M G E K
E O L K M H R C N J A Z S C
R L E E O L G E S E I D I A
H F N V Y A B U V N G Z C N
K F D E O D O R A N T C R S
L P A R F A T G I D O F E C
A M R Y T A R N U M W C X O
T S U D E O R N M O F A E O
C T I A N O C O H W O R K K
P L A Y M H N S H A V E N E
```

Chalk Everywhere

```
Y A R T S U D K E W R Y B E
T E N N I S L R C E M E N T
C Y I E X A A E P I W L V I
H T A M W S T L P G U L B R
B L U E E T E A C H B O L W
L P D V D S R S I T Y W E S
G I R A R U O C A L C I T E
S R A P I B C Y L I O I S N
Q G W K V S K A S F L R A I
W H I T E T T P T T O A P L
S D N W W A L X I I R E U Q
S O I A A N O K C N O G R G
D N F R Y C I N K G K N P I
G W E T N E M I D E S A L R
K D P L F I P O W D E R E L
W C D W A B A S C H O O L J
```

Famous Models

```
H A U T E C O U T U R E P K
P R U T E L E V I S I O N P
T Y R A B A N K S A P O R H
K T A L L U F I T U A E B E
S B R A N D S T L I T H S D
S W O H S I R A P T F C T I
D R O F W A R C Y D N I C I
E M A F C S L E B A L R A K
D I E T Z C O V E R G I R L
A V I D Z H Y A W N U R T U
R V S N G I A P M A C X N M
E L Y T S F A S H I O N O G
E U G O V F K L A W T A C N
R E V O C E N I Z A G A M U
A E N D O R S E M E N T S O
C M F S R E N G I S E D J Y
```

Famous Models

First Names

```
Y T J D U S Y N I T S E D Y
E H A U H S O J T R E B O R
N O S Y S D Y P O E L L A O
D M O R N T L L H F N U A L
Y A N A O L I A G I B A C Y
S S R H S V M N C N A A I T
W B M C I M E H A N M M S W
S I E A L K O T W E L I S W
L N L Z L L A R R J E C E S
E I O L A L A O G K O H J H
H C Y S I N N U U A T A P N
C O B E I A T L R T N E P A
A L Y H L D M H A E S L L H
R E T N U H A M O O N Y Z T
V L E U M A S M J N A N N A
N H O J O R D A N K Y K Y N
```

First Names

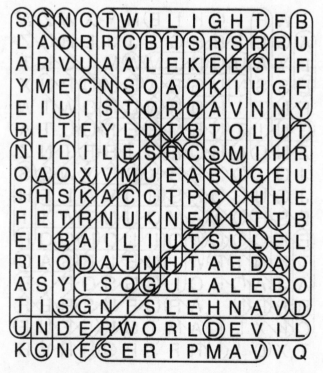

Scary Tales

```
S C N C T W I L I G H T F B
L A O R R C B H S R S R R U
A R V U A A L E K E E S E F
Y M E C N S O A O K I U G F
E I L T I F S T O R O A V N Y
R L L F L D T B T O L U T
N L I I L E S R C S M I H R
O A O X V M U E A B U G E U
S H S K A C C T P C I H H E
F E T R N U K N E N U T T B
E L B A I L I U T S U L E L
R L O D A T N H T A E D A O
A S Y I S O G U L A L E B O
T I S G N I S L E H N A V D
U N D E R W O R L D E V I L
K G N F S E R I P M A V V Q
```

Scary Tales

About Legs

```
S E L A N U S H A V E I S O
T K O S U T M U Y B V X L G
X C L W R C H E P Y N K N V
J F M A T W K N M M T G U H
A S I E W R Y L U A N K L E
L N W B U R O S J I E I F E
R A S T U N C P C J M F O L
C E M J G L P N P B G R O T
Y J N B E G A P O U E I T P
B I E O Y D N L F I S A A P
K F R S D T T T L L T H N I
I N V O Y N S F A E A C N K
F W E R E T E C P B T C E K
U O V F A M K T H I L A D S
F E U N U S M O O T H E P N
E T D R Z L E J P R A N S Q
```

About Legs

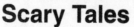

Lots of Energy

```
F M S F S T N E M A L I F J
I E O T A R O T P P A O D O
S T I I G A P N O O N H A U
S H A U L N E E T W G M M L
I A R C A S N R E E L G U E
O N E R R F O R N R E N E C
N O N I U O S U T O Y I L R
E L E C T R I C I T Y N O U
G K W R A M D C A A K T R D
O E A A N E E I L L C H T E
R R B E E R S T U U O G E O
D O L L G L A E D S H I P I
Y S E C R A M N M N S L Y L
H E C U A O O I D I R E C T
T N F N H C H K B A R R E L
L E U F C I T E H T N Y S O
```

Radio Listening

```
F U M U S I C F E A T U R E
O K R O W T E N V A P T H N
R L N L R N G E I I R G A T
M A O A R N N V N N O E U E
A T I I E D I E T O D P D R
T R T C P E M N A C U U I T
H E O R O B M T G R C B O A
E Q M E R A A S E A E A L S
A U O M T T R W T M R I H N
T E R M I E G I E V J C O T
E S P O N S O R S H I P C E
R T G C G N R E L L A C K R
C S K N A R P L A U G H J V
C C O L L E G E R A D I O I
C I F F A R T S A D V I C E
W E A T H E R S L I V E K W
```

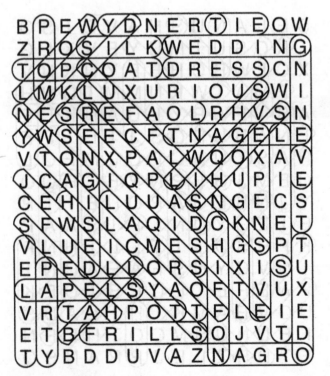

Dressing Up

```
B P E W Y D N E R T I E O W
Z R O S I L K W E D D I N G
T O P C O A T D R E S S C N
L M K L U X U R I O U S W I
N E S R E F A O L R H V S N
Y W S E E C F T N A G E L E
V T O N X P A L W Q O X A V
J C A G I Q P L I H U P I E
C E H I L U U A S N G E C S
S F W S L A Q I D C K N E T
V L U E I C M E S H G S P T
E P E D L L O R S I X I S U
L A P E L S Y A O F T V U X
V R T A H P O T T F L E I E
E T B F R I L L S O J V T D
T Y B D D U V A Z N A G R O
```

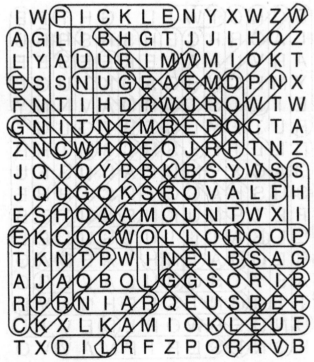

Barrels

```
I W P I C K L E N Y X W Z W
A G L I B H G T J J L H O Z
L Y A U U R I M W M I O K T
E S S N U G E A E M D P N X
F N T I H D R W U R O W T W
G N I T N E M R E F O C T A
Z N C W H O E O J R F T N Z
J Q I O Y P B K B S Y W S S
J Q U G O K S R O V A L F H
E S H O A A M O U N T W X I
E K C O C W O L L O H O O P
T K N T P W I N E L B S A G
A J A O B O L G G S O R I B
R P R N I A R Q E U S R E F
C K X L K A M I O K L E U F
T X D I L R F Z P O R R R V
```

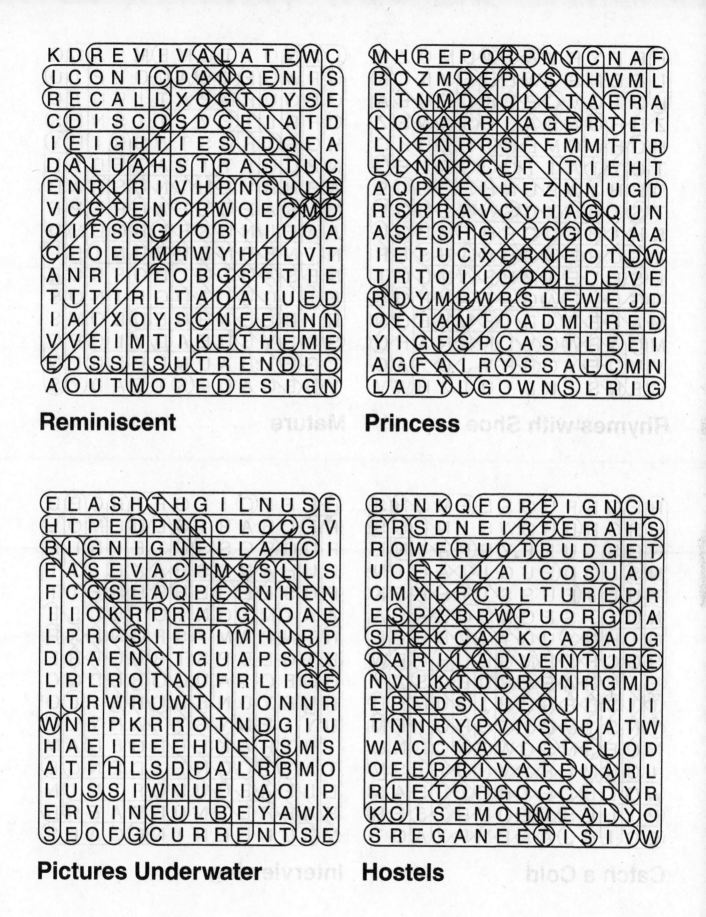

Reminiscent

Princess

Pictures Underwater

Hostels

Rhymes with Shoe

```
F R F Y P V W I W D M U Z B
L E E N S J W E B E V K C K
U C T O V C P P K U F H E A
Z R H O W S A G L S W W E Z
H O H W C M E N I F E B K O
T O Y T A T T O O G R F F O
D H H J W P U N H E G L O E
T S I D H X D S W W L B O E
K H T H G I O R H T M B G U
L S C R E W G U M A H S F R
F S F L E W M H B W M G G T
N G L U E W O W E W N P O S
M A L E E A D I E U L B O N
M C W R W O V L K H N A H O
V U D E Y O B R V J C Y A C
C E N S I K D T U T Z H W V
```

Mature

```
L A N O I T O M E M L A C Q
D P W C E J E A M O L P I D
O P O U P M P A T I E N T C
O R R L I E V I T I S N E S
H O G T R U S T W O R T H Y
N P C U L T I V A T E D T L
A R H R V L H T N C S R A R
M I S A E O L E A D P E P E
A A E L N U S R E R O D M D
N T N E D N E P E D N I E L
N E S A O F O L R O S S C E
E T I C U L I D G L I N O S
R I B L E A R N E D B O M S
S S L V B R E A D Y L C P O
L G E L B A D N E P E D L N
Y D E C A D E S T E A D Y S
```

Catch a Cold

```
R E Q B P U O S E E M O H S
U R O R D R O W S I N E S S
N O S T U F F Y R P A I N E
N S L Q D E U G I T A F I N K
Y U L J E U S S I T E F F K A
N O I T S E G N O C E A F A L
O I H N Y U G Y M V B E L E
S G C H F P M G E L H P E W
E A C R A E F R D B G S Z Y
T T S D E R C H I Q U N E D
I N S Y M C I T C R O I E M
M O E S M S O W I A C R N O
I C N M L P Y V N O I I S M
W O L B L E T R E T U P A N
P I L L S I F O U R T S E R
E C I U J A A P M P Y A O T
```

Interviewing

```
R E F F O I L O F T R O P U
P E L B A R I S E D E M O L
R D G B O S S C T E F R L E
E U H A N D S H A K E I I T
P C S E E C E H R R R F T E
A A I M T O N I O T E D E R
R T N P A M I S P O N E X R
E I C L D P S T R U C P R E
C O E O I D A U O O R E D Q
R N R Y N B R C R S I L C
U Y I E N Y G Y I W N Y L M
I R T R A K E E R G E D A M
T A Y T C O N F I D E N C E
E L E A E C U D O R T N I N
R A B R E T N U H D A E H D
M S C R E E N I N G O A L S
```

On the *Queen Mary*

Allure

Get Some Sleep

Yearly

Learned

Between the Tides

Retirement Plan

Christmas Card

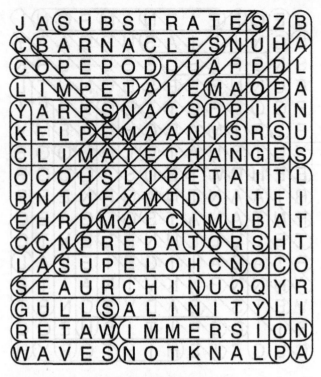

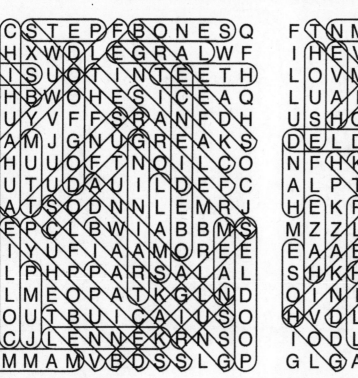

```
E R C S T E P F B O N E S Q
H T H X W D L E G R A L W F
U T I S U O T I N T E E T H
N H H B W O H E S I C E A Q
T A U Y V F F S R A N F D H
I A M J G N U G R E A K S
N R H U U O F T N O I L C O
G K U T U D A U I L D E F C
X R A T S O D N N L E M R J
R A E P C L B W I A B B M S
B P I Y U F I A A M O R E E
X A L P H P P A R S A L A L
G W L M E O P A T K G L N D
P S O U T B U I C A I U S O
S N C J L E N N E K R N S O
L A M M A M V B D S S L G P
```

Delightful Dogs

```
F T N M Y H U R T T S L V S
I H E V O A V H U T S J M Y
L O V M S J R N Z O D E F F
L U A I L K S P X R H O S T
U S H Q H E A D U J A W M P
D E L D D U H O L I D A Y L
N F H K H H H E I G H T N L
A L P T W E O G D A N O O F
H E K P L A N H R D Y H M T
M Z Z L C A H N S N A A O E
E A A E H N E G O R D Y H W
S H K H H S A H D Y A K O R
O I N I S A V S U K B H L O
H V D L O W Y N P N E B L N
I O D L A R B J Z A T B O O
G L G A D L A X P J M Z W H
```

_H_ Words

```
G S E Z A M S O A D J U S T
F L A T E M P U E K A M N B
N V A N I T Y E V A C N O C
O O R S I R E A R V I E W L
I D I C S L A N G I S K W O
T E A T Y I Y A W L L A H S
R L T J A N O I S U L L I E
O E V I T C E P S R E P T T
T V L B N O I T A R O C E D
S E R A U Q S F R A M E D E
I B E L V A N T I Q U E G R
D L L B R O K E N N J I N E
C A D E G D U M S R G M O V
W E M A S D I S C O B A L L
L A V E H C O N V E X G M I
C O M P A C T C E L F E R S
```

Mirror Mirror

```
F B S N I K P A N K C Y S I
Y R A R B I L F E R U T A N
L O C C B I R D S S G U H G
I C E O E Z I R P X O A B N
M H M U N L A U G H T E R I
A U E P S D N E I R F B E K
F R I O N O I S S I M D A N
P E B N H S A M P L E A T I
A S E K A T S P E E W S H H
R T E X P E R I E N C E I T
K R R M P E O P L E T S N I
S E F G I V E A W A Y S G R
M C C O N T E S T S J I I P
I N A D E L I V E R Y K F P
L O V E S H I P P I N G T S
E C A P S U N S H I N E S B
```

It Can Be Free

We Have EVERYTHING® on Anything!

The Everything® list spans a wide range of subjects, with more than 500 titles covering 25 different categories:

Business	History	Reference
Careers	Home Improvement	Religion
Children's Storybooks	Everything Kids	Self-Help
Computers	Languages	Sports & Fitness
Cooking	Music	Travel
Crafts and Hobbies	New Age	Wedding
Education/Schools	Parenting	Writing
Games and Puzzles	Personal Finance	
Health	Pets	